LOS DÍAS
Isabel Moreno García

LOS DÍAS

Isabel Moreno García

Trifaldi, 2024

LOS DÍAS

© Isabel Moreno García, 2024

© De esta 1ª edición, 2024
Trifaldi-Producciones Multimedia S.L
http://www.trifaldi.es

© Diseño colección y portada
Trifaldi-Producciones Multimedia S.L. (Madrid)

Portada: Retrato de mujer, 1960, de Roger Bohnenblust.

Diseño, maquetación y corrección ortotipográfica

Trifaldi-PM. S.L.

ISBN: 978-84-128175-1-5
Depósito Legal: M-20487-2024
Impresión y encuadernación
Safekat S.L.

SEGISMUNDO

"A reinar, fortuna, vamos,
no me despiertes, si
duermo,
y si es verdad, no me
duermas.
Mas, sea verdad o
sueño,
obrar bien es lo que
importa.
Si fuere verdad, por
serlo;
si no, por ganar amigos cuando
despertemos."

Calderón de la Barca

LOS DÍAS

DOMINGO

Es el inicio, parece la libertad. Nunca escribí un diario, pero voy a intentarlo durante algunos días, tal vez una semana. Ignoro si después le daré continuidad o pondré punto final al documento.

Es curioso que empiece el proyecto en este apartamento que mis padres habitaron hasta que yo nací hace treinta y dos años. Ellos están separados, aunque han mantenido una buena relación en todo lo que se refiere a mí. Lástima que mi fracaso en la selectividad me alejara de emprender una carrera universitaria como les hubiera gustado pero, aunque parezca extraño, tras una calmada deliberación, aceptaron mi negativa a seguir unos estudios que, a la postre, me proporcionarían una titulación. Hay decisiones en la vida que se imponen como una pedrada seca.

Viví con mi abuela paterna desde los cuatro años; fue al cumplir la mayoría de edad cuando me trasladé aquí, donde constaté enseguida que había heredado también un anárquico hábito de lectura.

Mi madre es maestra, pero no ejerce. En mi vigésimo aniversario me contrató en su gestoría, a la que acudo a trabajar cada mañana. Ella es bastante circunspecta y manifiesta cierta rigidez en el trato. Desde su estricta cosmovisión, actúa como si todos fuésemos previsibles, lo cual no es óbice para que en la interacción se torne un poco desconfiada.

Mi padre es psiquiatra y atiende a pacientes en un centro de salud mental; por las tardes se ocupa de aquellos que le requieren en su consulta privada. Aunque percibo a menudo su rictus de hombre perplejo, capto en él un gran acopio de alegría y curiosidad. Cuando te escucha, aprecias el aplomo característico de quien aguarda sólo tu palabra. Me resulta difícil no simplificar porque, si recapacito, ambos me parecen individuos bastante complejos. Pero no pretendo que este texto sea una autobiografía, sino más bien el lugar en el que puedo anotar ocurrencias al hilo de lo que me vaya sucediendo. Si bien es posible que no pase nada relevante en las próximas jornadas, procuraré tomar esta iniciativa como si fuese posible un modo distinto de morar en soledad.

En la cocina me he servido un té frío y he traído el vaso al escritorio, que está situado bajo una ventana que se abre a un patio de manzana por el que se puede transitar. Oigo el rumor de unos niños jugando y el trinar de muchos pájaros. Son casi las cinco de la tarde y, aunque todavía estamos a principios de junio, la claridad del aire lo inunda todo igual que un velo extenso compuesto de grumos de tiza.

Estoy, sin embargo, más tranquila. Me he asomado unos minutos al mirador del salón dándole vueltas al sentido que tiene escribir un diario y se me ha ocurrido una explicación respecto a este preámbulo. Desde septiembre, los miércoles asisto a las reuniones que se celebran en el piso de un vecino donde nos dedicamos a analizar piezas teatrales. Las leemos y elaboramos juntos conclusiones. En algunas ocasiones, nos repartimos varios papeles de la acción dramática con la que estamos comprometidos y los interpretamos desde los asientos del cuarto que ocupamos. Apenas conozco a los integrantes de este grupo, pues coincidimos únicamente en dichas *soirées*, pero hay una mujer espléndida de unos sesenta años, con la que en enero tomé algo en un bar próximo, Luisa, cuyas intervenciones me cautivan por su sagacidad y sólo ahora he tenido la impresión de que estos primeros párrafos están dirigidos a esta señora, como si fuera a ella a quien me presento. Es probable que jamás lea estas líneas, pero tal vez sea su interlocución imaginaria la que me ha facilitado ensayar un modo de comenzar este escrito. Quién sabe si el impulso que subyace a la elaboración de estos apuntes no cuaje en una obra sólo para que ella la cobije. No voy a especular más con dicha hipótesis, pero creo que esta circunstancia confiere a mis anotaciones una condición que no sé si será pública o privada, porque, aunque sólo se tenga en cuenta a un lector, cambia la disposición con que se escribe.

Relacionado en parte con lo anterior, me ha venido a la memoria un episodio de mi infancia. Cuando tenía nueve años, fui a merendar a casa de una compañera de clase a la que yo admiraba por su gran rendimiento escolar, sin que representase esa figura taciturna ajena a la felicidad de los juegos, y que también me atraía por su conducta -una serenidad natural embellecía todos sus gestos-. Enaltecida por una melena lisa que se alargaba hasta la cintura con el color del trigo, la compostura de aquella niña refulgía con una majestad que a mí me hacía pensar en la luminosidad de las hadas, tan pequeñas éramos. Ella tenía tres seguidoras inseparables. Desconozco el motivo que la indujo a invitarme aquella tarde y por qué no se prolongó más nuestra connivencia. Recuerdo que mientras tomábamos un sándwich en una sala amplia, me propuso que, junto a sus amigas, formásemos un círculo de escritoras. Sentí que este envite me concernía y me trastornó tan profundamente que he olvidado el resto de nuestra conversación. No nos volvimos a ver a solas, pero fue entonces cuando empecé a escribir para una prima menor que yo unas narraciones demasiado atribuladas y, avanzada la adolescencia, varios poemas extasiados por el vértigo de las palabras a cuya música me atenía para distinguir imágenes enfebrecidas y malditas. Más tarde, abandoné ese camino y regresé al relato. Algunos de ellos, los que no deseché definitivamente, los fragüé aquí, mientras apuraba la tarde y me resarcía de las plomizas mañanas dedicadas a la contabilidad.

Me he detenido unos instantes en esta remembranza y he sentido ganas de telefonear a Juan, un amigo del alma, para comentarle la expectativa del diario que hoy he empezado y en el que supongo que me sumergiré. Se alegrará. Sorprende que siendo profesor de dibujo, haya disminuido su dedicación a la técnica del grabado y a delinear figuras con lápices y carboncillo -persiste bosquejando edificios en un cuaderno de apuntes- y se vuelque en la práctica de redactar quimeras. Ha escrito una novela, pero afirma que la historia que le acucia se resolverá en tres entregas que abarcarán la infancia, la juventud y la madurez de un maestro de principios del siglo XX que se va volviendo loco. Una trilogía sobre la lenta devastación de un hombre nacido en España dos décadas antes de la pérdida definitiva del sueño imperial en 1898 y que en el decurso de su existencia se extravía irremediablemente. Juan no es el primer caso de alguien que abre un paréntesis en su quehacer como artista visual para aplicar su inventiva a la escritura. Diría que su personalidad es persuasiva sin buscar imponerse jamás, pero además se capta, junto con su liberalidad y paciencia, algo amable en su actitud que resulta de una mezcla enigmática de fragilidad y fortaleza. Con él no he disimulado nunca ni el júbilo ni el desconsuelo. Me consta que hay temporadas en las que, cuando no pasa la velada con su novia, escribe hasta altas horas de la madrugada. Sin saber aún qué ocurrirá, yo me decanto por el día para avanzar en estas páginas.

Escribir, en principio, es decidir hacerlo. En mi caso pareciera que los textos que aún conservo, algunos cuentos y poemas, siempre han partido de una disposición amorosa, casi trovadoresca, hacia la propia experiencia del lenguaje. Tengo la impresión de que todos esos escritos plasmaban el intento de salir de uno mismo a través de la relación que se establece con los otros, dando vueltas a menudo a las circunstancias en que arraiga cierta actitud contemplativa. Creo que en esas composiciones buscaba, sobre todo, celebrar la universalidad de los acontecimientos más habituales y corrientes despojándolos de la indiferencia y opacidad que el hábito les imprime. Me doy cuenta de que las voces que subyacían a aquellos versos y los personajes que perfilaba en los relatos con frecuencia poseían rasgos que los convertían en seres un poco solitarios.

Lo cierto es que he quedado a las diez en una terraza cercana con Elena, mi amiga más remota -nuestra relación se inició en la guardería-. Nos reunimos con frecuencia, pero en este caso soy yo quién atiende con más interés sus declaraciones. Mi contención viene de tiempo atrás. Puede que sea debido a la vehemencia con que ella pone en juego tanto su intrepidez como su inteligencia beligerante, aunque también me asombra su generosidad, que puede llegar a ser conmovedora. Estudió Filología italiana y cuando terminó la carrera se abrió paso como intérprete en varias empresas e instituciones públicas. Justo lo que pretendía, algo hasta cierto punto no estrictamente reglado. Su desenvoltura toma el sesgo de una ondulante frivolidad, pero en esc despliegue de fuegos artificiales es imposible no vislumbrar un fondo de tragedia.

Ahora me queda tiempo para seguir escribiendo antes de acudir a la cita. Mientras me duchaba hace un momento, intentaba pergeñar un plan más detallado para el diario. He desistido enseguida porque entonces se convertiría en una novela y prefiero, por el momento, seguir el dictado de lo que no he previsto aún: invocar a las palabras y que éstas me empujen por una pendiente que, aunque sea incierta, trace un camino. Así es como ahora me dejo llevar por la calma mientras el presente se expande con la misma ductilidad que el aroma de las plantas recién regadas que entra por la ventana. Nada es más terrible que la angustia.

En algunas ocasiones me gustaría ser distinta. Hay quien considera redentor su modo de ser. Nunca fue mi caso. A veces querría ser capaz de abismarme en un proceso más dinámico de transformación. Pienso que no tendría que atenerme sólo a las propias inclinaciones ni seguir las pautas fijadas por mi carácter. La garra de la autocrítica es insuficiente. Hasta que me anegue la senectud, el proceso de identificación con las personas que admiro debería reflejarse en algunos cambios de comportamiento. Mi opinión fluctúa, pero, siendo tan psíquica, sospecho que la existencia puede enriquecerse con más acción, con cierto espíritu de aventura, aunque nuestras conmociones cruciales sean producidas al atravesar recónditos fantasmas del pasado. En cualquier caso, tendría que revisar el principio prudencial de que hay que controlar hasta donde se pueda todas las situaciones con el fin de no exponerse al propio sufrimiento.

Me he detenido unos segundos y la llamada de Mateo, mi ex pareja -hace siete meses que no vivimos juntos-, ha interrumpido mis cavilaciones. Su voz posee un deje serio que, sin embargo, no resta a su manera de expresarse el tono acogedor de la familiaridad. Quería invitarme a una fiesta el sábado que viene en casa de Emilia, su tía abuela, que se ha marchado ya a Galicia a pasar los próximos tres meses. No le he asegurado nada, pues fue tan paulatina nuestra ruptura, tan meditada, después de doce años de convivencia, que no me incomoda cuando me propone que nos encontremos. Él quería tener hijos y yo no. También creo que sentíamos la necesidad de habitar en espacios distintos. Eso no fue un problema, porque Emilia vive en un piso amplio cuya estructura facilita a los que lo ocupan bastante independencia. Él se ha instalado allí hasta que encuentre su propio lugar.

A Mateo lo conocí en el colegio y, después de cursar el bachillerato, estudió matemáticas. Imparte clases en la universidad. Desde el alejamiento, creo que su encanto brota de una belleza clara y una bondad serena que le permite madurar entre las dificultades de la vida sin que le avasalle el dolor. Quizás esto se deba a esa actitud tan razonable con que elabora, merced a una sabiduría natural, toda la negatividad que desgarra al mundo. Cuando empezamos a convivir, me asombraba la fruición con que se aplicaba al cálculo y su manera de concentrarse en largas demostraciones cifradas con una notación que, en conjunto, resultaba misteriosa. Mientras le observaba estudiar, yo me sentía excluida de ese reducto mental que él reservaba a operaciones que, por su pureza formal, no guardaban ninguna conexión evidente con la realidad. En aquellas tardes, seguí fiel a la lectura, escribía historias a las que eximía de gravedad y empecé a asistir a algunos seminarios cuyos programas abarcaban varias disciplinas teóricas y artísticas. Sin embargo, Mateo y yo, más allá de nuestras actividades, continuábamos velando por nosotros y procurábamos reconfortarnos recíprocamente como si fuésemos seres desamparados y desterrados. A lo largo de nuestra relación apenas se produjeron conflictos pero, al tratarnos desde que éramos casi unos niños, no es que amainase la intensidad, sino que se disociaron en exceso los senderos que nos enfrentaban a la emoción. Estábamos creciendo aún cuando nos fusionamos y fueron divergiendo las esferas de nuestros intereses. Los cambios orientaban nuestra experiencia hacia direcciones distintas, pero seguimos enlazados por esa malla de protección mutua que quizá creamos para suplir el precoz alejamiento de nuestros progenitores. Ahora, que nos vemos poco, pensamos que no nos conocemos tanto, e incluso a veces afirmamos que nos une una suerte de ilusión platónica favorecida por la distancia.

Creo que lo que sucedió entre Mateo y yo fue la consecuencia de enamorarnos con quince años. Entonces este país empezaba a tener querencia por la prosperidad, pero aún no se respiraba la atmósfera de aflicción colectiva por la pérdida de gran parte del bienestar, y nosotros nos sumergimos en un idilio que creímos definitivo. Recuerdo el principio de nuestro noviazgo viajando los fines de semana a la casa que mi padre tenía muy cerca de la sierra. Preferíamos el campo a la ciudad. Nos gustaba mirarnos y hablar hasta la madrugada, también paseábamos por el monte y leíamos, porque él todavía no había dado el salto que le desplazó casi obsesivamente desde la ambigüedad plagada de matices del lenguaje natural al rigor de las deducciones lógicas. En esa época, entre los árboles y las rocas, tomamos la determinación de no hacer daño a nadie porque pensábamos que eso había que decidirlo de una vez para siempre para no estar a merced de las pasiones. Justo al cumplir la mayoría de edad, al instalarme sola en este piso, padecí una crisis muy dolorosa y procuré mantenerle al margen. Ahí nos distanciamos por primera vez. Luego, cuando mejoré un poco, se inició otro periodo y compartimos esta casa, aunque fuimos descubriendo ámbitos en los que no participábamos juntos. No obstante, nosotros no cejábamos, persistíamos unidos cuidándonos mucho, como si fuésemos huérfanos, con un compromiso que no se regía por ningún pacto explícito, pero que nos obligaba con la fuerza de un juramento. A pesar de la mutua dedicación, la mirada que nos dirigíamos se curtía oteando otros espacios y, según pasaba el tiempo, nuestros anhelos fueron divergiendo y no supimos cómo conjugarlos. Lo que me importa ahora señalar es que sólo concebimos la vida del uno sin el otro hace tres años. En el recorrido de esta travesía que nos condujo a la separación, sin dejar de atendernos, nos hemos hecho un poco mayores.

A veces pareciera que la aspiración a la reciprocidad en las relaciones no surge sólo del deseo sino del miedo, pero hay un momento, tras la perturbadora caída, en que es posible contemplar al otro sin aguardar la seguridad que nos confiere, sencillamente se celebra los que nos une, se reconoce el afecto y se acepta la mutua liberación para otro destino. Con todo, me alegra que Mateo haya sido mi primer amor. No le olvido. Han pasado ya siete meses y su ausencia ha dejado de ser el acontecimiento que marcaba la duración de las primeras semanas. Sin embargo, yo sigo haciendo las mismas cosas sin pensar en el futuro. Sólo la idea de componer este diario supone una ruptura, una determinación inédita, un proyecto nuevo que no concebí mientras vivía con él.

Querría que el diario fuese lo contrario de una obsesión: no consumir las frases conformando el ahogo producido por la angustia cuando se ensaña en la garganta como un collar pesado. Mejor recobrar la calma y tomar distancia.

He parado de escribir mientras tomaba otro té para evitar el desfondamiento que ya acechaba. Alejarme del ordenador e iniciar esa ceremonia de servirme la infusión helada de un color casi imperceptible me ha recompuesto, pero enseguida voy a prepararme para ir a ver a Elena, cuyo laberinto anímico compone una urdimbre tan difícil para mí como insondable. Me recuerda a un huracán. Sus discordancias son violentas y nos conducen a los demás a acompasar el ritmo de sus contrastes. Suele haber algo drástico en ella que irrumpe y nos desconcierta, incluso en ciertos detalles secundarios. Por ejemplo, otorga a la moda la preeminencia de un lenguaje artístico que trasciende el valor de cambio con que se precipitan las tendencias.

Por una parte, defiende con brío unos principios muy radicales frente a la alienación consumista y, por otra, no se resiste a gastar gran cantidad de dinero en ropa. No hay en ello una contradicción moral, sino psicológica. Creo que padece un trastorno que distorsiona la relación que mantiene con su propia imagen. Elena es una mujer hermosa, pero su lucha por alcanzar la perfección, tanto física como espiritual, la perturba. Al hablar, oscila entre expresiones de una seguridad agresiva y otras sumidas en la certeza melancólica de que no merece que la quieran. Lo que yo adoro cuando nos reunimos son esos momentos en que su talento se manifiesta con suave jovialidad. Me pregunto cómo nos irá hoy. Sin pretenderlo, le adjudico un grave ascendiente sobre mí y me contraría el impulso irrefrenable que siento por agradarla. Por eso he decidido usar un atuendo sencillo sobre el que no tenga nada que objetar: unos pantalones gris perla y un *top* de seda negro, del mismo color que las sandalias. Aplicaré en los labios una barra con brillo rosa que me ilumine el rostro.

Sin embargo, mi expectación toma un rumbo más desabrido, ya que esta noche me gustaría que también nos refiriésemos a una novela que terminé de leer hace un par de semanas y que me produjo una fuerte impresión. Tendría que dejársela a ella puesto que la trama es indisociable de la voz extraordinaria que la articula. La protagonista es una anciana desahuciada por una grave enfermedad que vive sola. Su historia está narrada a través de una carta que ella misma escribe a su hija antes de morir abrazada a un indigente que ha ocupado el patio de su vivienda. El contexto social y político en que transcurren los hechos es muy áspero, incluso peligroso. El autor, como tantos otros narradores, ha sabido construir muy bien el personaje femenino. Eso no es sencillo, y pienso que en esa labor es donde un escritor se juega su lugar en la literatura. Éste es el tema que le propondría a Elena, y el de lo difícil que me parece transmitir sinceridad en una obra de ficción, ese tono de franqueza que, por ejemplo, irradiaba la mujer debilitada y audaz que encarnaba el personaje cuyas vicisitudes desearía que comentásemos.

Nosotras estamos sanas y avanzamos lentamente hacia la madurez, pero desde hace quince días la semblanza de la provecta dama a la que aludo gravita sobre mí. Ese es el motivo por el que querría hablar con Elena de la vejez, porque no me parece algo terrible, como tampoco me resulta ya intolerable mi propia extinción. Creo que le he perdido el miedo, pues no me hostiga ese pensamiento con la virulencia de años atrás, cuando temblaba de pavor por todo. Sé que en cualquier momento puedo morir. Sin embargo, nosotras jamás pudimos meditar juntas sobre esto, ni siquiera cuando el terror me entumecía. A mí no me parece extraño conversar sobre el dolor de existir y el final de la vida: apalabrar la pena por los que amamos y por el resto del universo cuando no despertemos más. Sin embargo, son temas que nunca hemos mencionado, quizá porque es innecesario. Son asuntos que se tramitan en la más estricta intimidad. En el fondo, las dos intuimos que el hecho de perecer en una fecha indeterminada es la base de toda esperanza, y que lo que tiene de impensable la pérdida definitiva de la conciencia es la causa de nuestra zozobra frente al misterio irrevocable de la muerte. Por eso sospecho que no he de persuadir a Elena de que, desde que aprendimos a hablar, cada pesadumbre cuaja en nuestra trayectoria como un eslabón ensamblado al duelo por nosotras mismas. Al cabo, la finitud se asume con inocencia.

Es verdad que al elegir el encuentro con los otros suele movilizarse en mí una fantasía de plenitud. Tal vez haya en esto algo defensivo, pero, a pesar de mi actitud más bien reservada, la proximidad de mis amigos me da entereza. Con todos se consuma el intercambio de un don, algo que, mientras sucede, equivale a una fuerza expansiva que acabará ofreciendo sus destellos. Cuando estoy con ellos, las sombras son menos inquietantes y se neutraliza cualquier amago de desasosiego a favor de un estado que aúna liviandad y consistencia. Así sucede casi siempre, hasta cuando la memoria ha de reajustar después las disonancias que también conlleva la presencia.

En cualquier caso, me abruman los ritos de sociabilidad. Éste debe de ser el motivo por el que en ocasiones rehúya las citas frecuentes y prefiera el silencio de un paseo o el de mi estancia en esta casa en la que últimamente no hay más comparecencia que la mía. Creo que si no se torna baldía la soledad es porque la vibración de los vínculos se interioriza como una música atemperada que repercute incluso en el aislamiento. Además, soy afirmativa, pues no tener que luchar por la estricta supervivencia y poder hacer frente a la mordedura que tienta al hundimiento supone una bendición. A veces pienso que, en muchos aspectos, todos compartimos una época crepuscular, pero sola o acompañada, un hilo invisible me integra a la vida, aunque no se me escape que, incluso siendo radicalmente comunitarios, nadie vive en el mismo mundo que los que le rodean.

Tal vez este asentimiento respecto a la existencia hunda su raíz en la experiencia cotidiana, en esa voluntad de extraer algún fulgor a cada jornada, pero al querer justificarlo, al intentar construir con ello un pensamiento, se enturbia, pues, si me detengo, percibo al mismo tiempo sin que se excluyan la felicidad y la herida, la expectativa y la desesperanza, el entusiasmo y el abatimiento, la ilusión y las decepciones, el placer y la amargura.

He telefoneado a mi madre y la he sorprendido troceando las nueces que iba a añadir a una ensalada. Desde el inicio de la conversación se ha mostrado interesada por el motivo de mi llamada. Desde luego, había algo extraño en el hecho de que quisiera hablar con ella en ese momento, a la hora en la que ellos habitualmente cenan -vive con su actual marido-. No me he demorado. Le he explicado que deseaba ausentarme diez días del trabajo como anticipo de mis vacaciones de agosto. Como no podía dar cuenta fehaciente de mi deseo de dedicarle tiempo al diario, le he dicho que era posible que me fuera a la playa con Elena. Ha guardado silencio unos segundos, los justos para intuir que quizá no fuera cierto. Entonces le he confesado la verdad y, para mi sorpresa, he percibido que se aliviaba, que no le parecía un afán absurdo ni un propósito descabellado. Sin argüir ningún impedimento, pues ha comentado que Marina, la economista que dirige la gestoría, se haría cargo de mis compromisos laborales, me ha propuesto que, en tal caso, comiésemos juntas el miércoles en un restaurante italiano para charlar de este apremio por comenzar a escribir. Creo que desde siempre mi madre me observa un poco incrédula, como si considerase que, a pesar del modo en que contemporizo con ella, en cualquier momento pudiese irrumpir entre nosotras alguna desavenencia insalvable.

A mi padre lo he localizado en el móvil. Estaba en casa de un compañero viendo las fotografías que éste había traído de su viaje a Chile. Se ha retirado a otra habitación sin ruido. Con su buen humor habitual, me ha formulado algunas preguntas sobre el contenido de lo que me propongo hacer. Yo no he sabido cómo responder, porque la idea de este escrito ha surgido con fuerza este fin de semana sin un diseño preciso. La decisión fue promovida, en principio, por el efecto que me produjo el diario que escribió un pensador alemán mientras residió tres meses en Rusia durante el invierno de 1926. Es evidente que yo no podría componer algo así puesto que mi vida no se parece a la suya ni, por supuesto, mi pensamiento, y porque tampoco he ido tan lejos tras el surco de un amor, pero su lectura me persuadió de que tiene interés experimentar con la escritura. Me ha parecido que mi padre celebraba la noticia y le ha reconfortado mucho que esa obra, como tantas otras, me la hubiera recomendado un día que yo indagaba en su biblioteca.

En breve voy a salir. Tengo ganas de caminar un rato antes de acudir a la terraza en la que Elena y yo procuraremos esparcirnos al aire libre. El ambiente cambia cuando se difumina el día. La tarde se ha prolongado como una ruta desconocida en la que al avanzar se pierde de vista el horizonte. Son las nueve y todavía hay niños jugando en el patio. Mi apartamento está en una cuarta planta y contemplo a través de la ventana el vuelo de algunos murciélagos que, como vampiros silenciosos, se desplazan con rapidez vaticinando la oscuridad que después cubrirá el edificio, la ciudad y todo este rincón del mundo.

LUNES

La noche pudo ser agradable, pero desembocó en un pequeño desastre cuyos pormenores no voy a registrar. Sólo intento reconducir el desencuentro con Elena apelando al axioma de que el conflicto siempre acecha como un animal salvaje que ataca a las presas desprevenidas. Juntos nos complacemos, pero si de pronto el espejo se quiebra, una ley agónica dicta que no hay más salida para escudarse que prevalecer.

Elena apareció radiante con un vestido blanco que subrayaba sus hombros angulosos y me pareció que las ondas doradas de su cabello infundían a su figura un movimiento muy grácil. No obstante, en su manera de sonreír al saludarme atisbé un efecto de claroscuro.

Ella propuso que sustituyéramos la cena convencional por una botella de cava con dos porciones de tarta de chocolate. Un viento ligero azuzaba la fragancia de los setos. Era el momento propicio para acogernos, pero, balbuciendo algunas noticias del día, no acababa de enhebrarse el envolvente gusto del diálogo.

Los primeros minutos se escabulleron con aparente normalidad, hasta que Elena me comunicó que, invitada por un conocido, había asistido a una representación de marionetas y que, a diferencia de la mayoría del público, a ella no le causó ninguna gracia aquella función. A mí se me ocurrió observar que reír en grupo requiere siempre un grado de complicidad, pues en la promesa de una creación cualquiera han de ser comunes las referencias. Entonces Elena, sustrayéndose a lo impersonal del comentario, realizó una torsión para referirse directamente a mí, en tantos aspectos distinta a ella. Fue absurdo el inicio de la disputa. Quedó desterrada la problemática de la obra que presenció, por la que yo sentía curiosidad, y comenzó a espigar situaciones en las que imaginaba que yo, en contraposición a ella, no estuve cómoda. Es obvio que nosotras no somos la misma persona, pero lo más llamativo es que, en el vaivén de réplicas a las que procuraba anticiparme para no iniciar una discusión sobre lo irreductible de nuestras diferencias, Elena vino a increparme porque yo no utilizaba la ironía. Conocía ese reproche. Tal vez ella acierte al estimar que con frecuencia soy demasiado contenida para tolerar una distancia más flexible en mi relación con los acontecimientos, para aliviar la rigidez que atenta contra lo leve y para ahuyentar la gravedad que disipa la gracia.

De lo que tampoco cabe duda es de que muy a menudo Elena se enfrenta a los demás con admoniciones polémicas. Sin embargo, esa reiteración no evita la contrariedad que me produce la frontera que ella marca para reafirmarse. Tampoco me consuela que mi amiga repita en cualquier contexto ese afilamiento, con el que recrea un antagonismo inevitable, en el que se vuelve implacable esgrimiendo argumentos. Unas veces por motivos personales y otras por causas cuya justicia es inaplazable tiende a entablar discusiones aceradas. Esa actitud tan cargada de razones produce en mí un efecto contrario, pues cuanto más dura se vuelve su agudeza dialéctica, más pronto me veo anegada por un desapacible escepticismo. En todo caso, he de mencionar que ella después intenta reparar el daño, pues desde su ambivalencia, también es capaz de prodigar una dulzura generosa que recae sobre la multitud de seres que pueblan el planeta, incluidos, por supuesto, los que estamos cerca.

No obstante, anoche, al cabo de hora y media de no entendernos, nos levantamos para despedirnos y, para mi desconcierto, ella se alejó alzando la voz exhortándome a que dejara de estar ausente y volviera a la tierra, aduciendo, sin dejar de caminar con la cabeza vuelta, que yo siempre huía para no comprometerme con la realidad. Nunca la vi escenificar así la inculpación, porque, aunque es frecuente que ella rompa el pacto de la disposición amistosa, anoche dio un paso más allá en su rigor edificante. Regresé a casa despacio con la renovada sospecha de que no somos tan libres para cincelar nuestro carácter como creemos, aunque parezca que los temperamentos que nos impresionan se han sobrepuesto a todas las circunstancias biográficas y genéticas. Avistaba ya mi edificio desde la acera de enfrente, cuando me invadió una irresistible tristeza, quizá porque haya algo de verdad en que el hecho de lidiar, sobre todo, contra la propia desesperación acaba imponiendo una atención más templada respecto a los acontecimientos que van pautando el mundo.

Ya dentro de mi apartamento, encontré un mensaje de ella en mi teléfono fijo que había enviado desde su móvil. Me invitaba a olvidar lo sucedido y a que comiésemos juntas hoy en el mismo sitio. Debo reconocer que son las once y media de la mañana y hace unos minutos un empleado de floristería me ha entregado una maceta de barro con un helecho muy frondoso. Venía acompañado con una tarjeta de Elena. La he llamado para darle las gracias y posponer para otro día el almuerzo. Ayer nuestro pequeño festejo fue uno más, sucedió de esa manera y no de otra, pero al intentar descifrarlo se sumerge ya en el magma de los recuerdos. Tiene algo de despiadado permitir que la experiencia se anegue en su opacidad. Por eso, pasado el tiempo, espero encontrar otras palabras para describir lo ocurrido de modo que, al evocar su rastro, la oscuridad que sobrevino a nuestro malestar resurja también como algo que sea posible comprender.

Acabo de regresar de la cocina, donde tomé unas cerezas. He traído al escritorio la bandeja con la cafetera demasiado caliente aún. Al verter el café en la taza, un vapor caliente esparce ese aroma de semillas tostadas que invita a dar pequeños sorbos con cuidado; le he añadido unas gotas de leche presagiando el sabor amargo que la mezcla dejará en mi paladar. A veces me sorprende que un acontecimiento nimio me reporte tanto placer. En estos segundos de quietud siento cierta tranquilidad que me salva y, al percatarme del olor en el aire, reaparece el deseo de continuar por otro sendero.

En la pared de la izquierda, según me encuentro situada en la mesa, a unos cuarenta centímetros de la cabecera de la cama, hay una cómoda alta con siete cajones, y encima quedó apoyada desde hace años una serigrafía realizada por un pintor judeo-marroquí del que poseo además un cuadro. Todo el fondo de la lámina es de un color verde oliva que se aclara hacia los bordes. En su centro se distingue una silueta negra semejante a una columna; ésta se apoya en unas líneas muy delgadas de un tono rojizo casi apagado. Se aprecia asimismo en la impresión el registro de palabras hebreas extraídas de un libro sagrado. Al menos eso fue lo que me contó el autor cuando le inquirí por la inclusión de la caligrafía. Apenas recuerdo otros detalles que con seguridad me ofreció en su día. Por tanto, no entiendo el significado de esos signos representados que con distinto grosor aparecen y se desdibujan. Ocurre, sin embargo, que muchas veces la obra atrae mi mirada como si la alternancia de esas letras hubiese absorbido todo lo que he olvidado y lo que nunca viviré, el pasado irrecuperable y el ensimismamiento que perpetúa una duración sin hechos, el vacío en que germina el recinto de la intimidad y el orden de las propias palpitaciones que acota el silencio. En otros momentos, en cambio, es el verdor diseminado en el papel lo que me conmueve igual que la hoja precisa de un árbol o el desnudo presentimiento de formar parte del universo. Al final, esta composición ha convertido el sifonier en un mueble que propaga en la alcoba sus propias leyes de la hospitalidad. Y es que el espacio austero de esta habitación me procura sujeción, pues siempre he sentido que es un lugar que ampara, ya sea en el tiempo de descanso o en el de vértigo.

Hoy me pregunto por qué he dejado las palabras hebreas sin descifrar durante tanto tiempo o por qué no retuve su traducción en la memoria cuando me la revelaron. Supongo que aparecen en la obra como expresión de un contenido universal, aunque quizá sólo cifren la condición del lenguaje y tracen una indicación de lo inefable. Las formas y los colores tampoco se refieren a ningún objeto definido, aunque a lo mejor sí hubo la intención de transmitir algún concepto. Lo cierto es que se puede contemplar este grabado y deambular con la mente sin dejar de mirarlo, concentrarse en él o pensar en cualquier otra cosa, porque no cansa ni atrapa, fijas la atención en él y se produce una apertura al mundo, lo ves y al tiempo desaparece, como si al captar su presencia también pudiera tornarse invisible.

Conocí a Yoel, el autor de la serigrafía y el cuadro, con veintidós años en un seminario que se prolongó durante tres cursos y que lo impartía un colega de mi padre. Los asistentes poseían formaciones muy diversas, y en ese ambiente interdisciplinar se generó un clima de estudio que muchas veces añoro. Yoel, que se había licenciado en medicina en España, nos acompañó sólo un trimestre, pero tuvimos la oportunidad de conocer su taller. La mayoría quedamos fascinados. Allí descubrimos el conjunto de su producción. Le visitamos en varias ocasiones y nos mostró tanto las creaciones de gran formato, realizadas con materia -sobre todo polvo de mármol-, como sus carpetas de dibujos y grabados. Su trabajo, aunque no era figurativo, quizá aludía a un territorio y universo emblemáticos en el que se apuntalaba su identidad. La abstracción conjugada en su quehacer no apelaba a una comunicación racional con los espectadores, sino que se expandía con el carácter místico de una nostalgia cuya superficie enigmática todos queríamos traspasar. En los avatares de su imaginación le percibíamos próximo y extraño. Sabíamos que viajaba a menudo a su país, y un día un compañero del grupo nos comunicó que Yoel le había telefoneado para mandarnos un saludo porque su retorno a Casablanca era definitivo. Aquel fue un encuentro fugaz, pero desde entonces dos de sus realizaciones permanecen aquí con el cariz de una reminiscencia.

Hubo otras situaciones en las que el cruce puntual con alguien o mi paso por un enclave determinado me produjeron también una huella imborrable. Son vestigios que el tiempo pule y transforma en imágenes exactas e inagotables, hasta el punto de que al volver sobre ellas adquieren el cariz excéntrico de lo sobrenatural. Episodios sumergidos en la memoria cuya apertura jalona una significación siempre aplazada, quizás porque todo el sentido que anhelamos parte de esas secuencias inconfundibles que carecieron de continuidad, igual que algunas percepciones fulgurantes que nos asombraron en la infancia y que, al transcurrir el tiempo, reposan como una nube aislada dando profundidad a los recuerdos. Cuando hace años escribía poemas, sucedía con frecuencia que estos brotaban proyectando una línea en lo inconexo, en ese designio agrietado y fragmentario con que nos acucian el mundo, los otros y su misterio.

Esta mañana de junio va tocando a su fin. Me desperté a las seis, desayuné y me fui a hacer un poco de deporte al parque. Apenas había nadie y la hierba aún estaba cubierta de rocío. Podía iniciar el día apaciguando el ánimo al aire libre con un impulso que, sólo en principio, atañía al cuerpo. Empecé con una serie de estiramientos, realicé flexiones, caminé, corrí y después me acerqué hasta el templete de música por el gusto de verlo despejado con el sol tibio iluminando su estructura de piedra y hierro. Subí al estrado y, bajo el techo de madera, me apoyé en la barandilla para tomar resuello.

Mientras descansaba, pensé en mi abuela que, antes de morir hace apenas un lustro, cuando algunas tardes yo le daba un masaje en las piernas, me aseguraba que pronto me acompañaría a ese quiosco a una hora en que los jardines estuviesen desiertos. Aducía con naturalidad que ella también retomaría sus ejercicios. En aquellos momentos de cercanía física, al hidratarle los brazos o cepillarle el pelo, me proponía proyectos entusiastas relacionados con lugares frecuentados por mí. Un modo de duplicar los recuerdos para compensar lo evidente de su incapacidad irreversible. De hecho, esas escenas vivificantes que imaginaba para mí las entreveo a menudo cuando me encuentro en alguna de las localizaciones que mencionaba. Era una mujer enérgica y, a pesar de haberse quedado viuda cuando yo tenía seis años, me quiso sin agobiarme.

Acodada aún sobre el pretil del escenario circular, vi avanzar la sombra de los árboles, a gente paseando con demora, a varios transeúntes que se sentaron en un banco y a algunos chicos absortos en su particular entrenamiento. Se me había parado el reloj, pero ahí yo pertenecía a un tiempo conciliado en el que cualquier atrocidad estaba ausente. Antes de regresar a casa me detuve en el estanque y, enfilando ya el camino de vuelta, atisbé la rápida carrera de una ardilla que con gran agilidad ascendió por el tronco de un cedro. Al llegar aquí, me duché, leí durante media hora aproximadamente y me puse a escribir.

Hace unos instantes Juan ha respondido al mensaje que le envié desde la cocina, mientras en el agua del cuenco se lavaban las cerezas, y me dice que sí podemos quedar para almorzar a las dos y media en un restaurante ubicado a un par de manzanas de aquí. Hoy terminaba relativamente pronto de impartir sus clases de dibujo y ha tenido la precaución de mirar el teléfono.

Voy a salir para pasar por mi librería habitual, pero antes he releído lo que he escrito hasta este momento. El diario avanza y me doy cuenta de que las palabras conspiran a favor de una sugestión que se refiere a acontecimientos que descargo de su gravedad. No hay nada abrupto en el estilo ni rupturas sintácticas ni brechas ni invenciones. Sin embargo, sobre este breve documento planea un desequilibrio que no vislumbro aún, quizá porque el verdadero temblor huye igual que la sombra al mediodía.

Ya he regresado. Hoy todas las alternativas del menú eran buenas, pero al final hemos coincidido en tomar espinacas y lubina. Luego nos hemos acercado a una pastelería artesana para elegir un postre. Nuestros hojaldres iban rellenos de manzana.

Juan y yo, tras degustar algo sabroso, solemos regocijarnos por ser contemporáneos, pues rememoramos que el ritual de comer juntos comporta una alegría ligada a la sensorialidad de un placer básico pulido a través de los siglos como acción simbólica y que la cocina, en su vertiente de arte efímero, lleva adherida, entre los comensales, la posibilidad de la conversación o del silencio. Bromeábamos debido a que esta reserva entre nosotros, cuando se produce, suele ser breve y normalmente consiste en una inhibición en la que se trata de elegir cómo continuar el diálogo sin resultar para el otro demasiado autorreferencial. Es cierto que la manera en que sucumbo a la confidencia en nuestras charlas únicamente me sucede con él, y, paradójicamente, a los dos nos encanta escuchar.

Hemos hablado de cómo avanza su segunda novela, continuación de la primera, cuyo protagonista, un maestro hostigado por el intento de conferir sentido a su labor y a la ineludible precariedad con que la ejerce, procura seguir el debate que se generó en torno a esta problemática a finales del siglo XIX en España y que condujo a la instauración en 1900 del Ministerio de Instrucción Pública. Ese hombre, cuyo espíritu va decayendo desde un desánimo y hastío progresivos hasta sucumbir a una furiosa demencia, a pesar de que se identifica con su profesión y muestra curiosidad por los experimentos pedagógicos llevados a cabo en algunas escuelas del país, será internado en una casa de locos donde se consumirá hasta el final de su existencia. La narración sigue a este personaje partiendo de su origen rural y la práctica de la enseñanza en una ciudad de provincias en la que, aferrado a un aislamiento innegociable, pero muy atento al magisterio con los niños, empezará a sentirse perseguido y amenazado por los que le rodean para culminar padeciendo una idea de hostilidad generalizada dirigida hacia él por el mundo entero. También los pequeños estudiantes acabarán por convertirse en sus enemigos. Mi amigo pretende desentrañar en esta saga los obstáculos que considera insalvables para ejercer la docencia, su intrínseca dificultad, las paradojas de la transmisión del saber y, además, adentrarse en un proceso de demolición subjetiva no ajena tampoco al ambiente paupérrimo del periodo en que se produce.

Al hablar de su experiencia en el instituto, de sus clases, me doy cuenta de que Juan es un buen profesor no muy feliz en el aula. Tiene demasiados alumnos y muchas horas lectivas. Hace unos años, una discípula le dejó una nota anónima en su mesa en la que le decía que le amaba, pero que deseaba que siguiera siendo un extraño para ella, como si estuviera resguardado por un muro infranqueable. Esa chica no firmó, sino que escribió al final de la breve misiva: *quiero ser pintora*. A Juan le conmovieron estas palabras y, desde entonces, las recuerda hasta el punto de que esas frases convirtieron a todos los jóvenes que permanecen bajo su tutela aprendiendo a dibujar en unos aprendices de pintores a los que desea ofrecer lecciones inspiradas. Mientras tomábamos el café, yo le decía, a propósito de su novela, que esa relación tan esencial, que preserva la distancia entre los protagonistas en los centros de formación y que, no obstante, los mantiene unidos por el respeto a la tarea en que están empeñados, debería pautar toda actividad de aprendizaje y transcurrir siempre en las mejores condiciones porque a mí todos ellos me parecen héroes jugándose la vida.

Mi estancia en el colegio, sin embargo, fue mala. Todo lo que he aprendido ha sido fuera de la institución escolar. Nunca disfruté ni me iluminó nada de lo que sucedía mientras permanecía sentada en el pupitre. No hay culpables en esa inadecuación, pero mi cabeza siempre estaba en otro lado. Cuando tenía que atender a las lecciones que se impartían, quería volver a casa para jugar con mi abuela, que me visitaran mis padres y pasear con ellos, tumbarme en el sofá para leer, aprovechar el recreo con mis amigas, visitar a mis primas o, ya en el bachillerato, encontrarme con Mateo. Los minutos se sucedían lentos en el aula y deseaba salir de allí. Suspendí la selectividad y no sabía a qué dedicarme. Fue el principio de una debacle de la que todavía no me he redimido.

El caso es que Juan y yo durante la sobremesa también nos hemos referido a mi diario. Cuando él se ha enterado de que había empezado uno que se prolongaría al menos unos días más, o quizá ya para siempre, ha mencionado el de Ana Frank; enseguida ha subrayado que la adolescente escribía cada jornada lo que sentía y lo que le ocurría dirigiéndose a su querida *amiga del alma* Kitty, pues así llamaba la púber judía a las libretas en la que registró los pormenores de su existencia durante los dos años y medio que transcurrieron hasta que la Gestapo descubriera el escondite en el que se ocultó con su familia en Ámsterdam y la enviara después a varios campos de concentración, donde finalmente moriría contagiada de tifus. Kitty, esta figura de máxima confianza, no existía en la realidad a pesar de las muchas amistades y conocidos con los que Ana trató, pero con los que nunca alcanzó ese grado de franqueza que se permitía en las anotaciones que fue consignando en los sucesivos cuadernos. Se trataba de una amiga imaginaria, una interlocutora privilegiada, trasunto tal vez de ella misma que le ayudó, en cuanto destinataria, a ordenar sus experiencias, sentimientos e ideas. Nos parecía que esta estrategia retórica que aparecía al inicio de cada entrada de sus escritos, *querida Kitty*, de alguna manera, manifestaba el deseo de mantener una relación de absoluta transparencia con alguien. Juan cree que este anhelo de nitidez comunicativa es universal y, tal vez tenga razón, por más que aceptemos desajustes en lo que nos decimos y la opacidad sobre nosotros mismos, más allá de la intención de ser sinceros y de la fidelidad con que somos acogidos.

Mientras le oía hablar con tanta determinación de la aspiración a un lenguaje claro en la búsqueda del amigo ideal que nos librara del miedo, reparaba en que, a pesar del poder balsámico de la compañía de los otros para paliar el temor, siempre nos queda un resto de desolación que no tiene remedio. Ahora dudo, pues quizá debí demorarme más durante la sobremesa para continuar desplegando esta evocación que Juan me proponía, pero le respondí taxativa, casi zanjando la cuestión, que mi caso era muy distinto al de Ana Frank por muchos motivos, siendo uno de ellos, aunque no el más decisivo, que yo sí le tengo a él.

Conocí a Juan en una farmacia un sábado por la mañana cuando yo tenía veintiún años y él veinticinco. Mientras esperaba que me atendieran, advertí que un joven preguntaba si existía algún medicamento para erradicar las pesadillas. Me pareció atractivo, tan moreno y vigoroso, con el cabello ensortijado y unos profundos ojos negros, y, desde luego, me sorprendió la ingenuidad de su demanda. La dependienta consideró que tal vez le convendría probar con algún ansiolítico, pero siempre que antes consultara a un especialista. Entonces intervine muy decidida para anunciar que mi padre era psiquiatra y que probablemente no era necesario ningún tratamiento farmacológico. Sin remediar el impulso, irrumpí en esa circunstancia para manifestar mi fe en la palabra, sabiendo que yo misma hacía unos años había incurrido al respecto en una contradicción. Compré las pastillas de regaliz que siempre llevo conmigo y los dos nos fuimos a tomar un café.

Juan me aclaró que los sueños terribles no eran suyos, sino que asediaban a su novia, una muchacha de su edad que seguía estudiando canto. La soprano trabajaba en un restaurante interpretando arias de varias óperas con un amigo pianista y haciendo bolos con el coro del que formaba parte de modo intermitente, pues todavía no poseía una plaza fija. Con el tiempo la conseguiría, pero, a pesar de realizar durante un par de meses una psicoterapia que interrumpió, siguió atormentada por fantasías oníricas que le promovían un sufrimiento brutal. Sara es una mujer de apariencia sencilla que irradia un magnetismo indescifrable. Escucharla hablar de música es un placer. En su manera de manifestarse, nadie sospecha que cobija un mundo interior tan turbulento, pues logra disociarlo de la faz cotidiana que brinda a los demás. Ambos han conseguido que su unión perdurara, pero nunca han dado el paso de vivir juntos.

El hecho es que, durante más de una década, Juan y yo fuimos tejiendo nuestro propio tapiz de complicidades que, sin formularlo, excluyó la sexualidad. Nunca se produjo un conflicto de celos entre las dos parejas que a la sazón componíamos. Se debió de instaurar un equilibrio entre los cuatro urdido sin tácticas ni enmascaramientos que supuso una ventana abierta a un panorama distinto. Ignoro cómo lo logramos, pero ambos hemos podido otorgar al otro un espacio existencial sin aparentes fisuras y, además, conservar una mutua disposición sin ambages.

Hoy, al salir del obrador, hemos recordado algunas guerras que asolan el mundo, sobre todo las de Siria y Ucrania. La primera, ya menos virulenta que en sus inicios, la segunda, perturbándonos a todos, como vecinos mudos, con su cercanía.

Juan me convenció para visitar una exposición de fotografías sobre la población de Siria que permaneció en su país bajo los efectos maléficos de la contienda. La autora de las instantáneas abandonó Damasco en 2015 y regresa con cierta periodicidad desde España para tomar imágenes de la gente que no participa en el conflicto, pero que sigue habitando en ese territorio diezmado por la huida masiva de refugiados y por las pérdidas humanas que provocan las facciones en liza. Es su manera de dar testimonio de una situación espantosa y compleja, pero cuyas consecuencias son similares en todas las luchas armadas: muerte y devastación.

Nosotros recorrimos la muestra con la precaución que Juan manifestó antes de entrar: no alentar con nuestra mirada la captación estetizante de quien desde la seguridad arriesga sólo una compasión abstracta. Él me indicó el pudor que apreciaba en las obras de la fotógrafa exiliada, puesto que ella no se regodeaba de forma morbosa en la atrocidad o el dolor, sino que enfocaba a sus compatriotas en situaciones corrientes, resistiendo en silencio al horror con sus actividades diarias.

Sin embargo, no son unánimes las reacciones cuando nos confrontamos a las aristas de la tragedia. Juan considera que es muy frecuente que al mirar las ruinas divisemos sin querer cómo despunta una belleza rara, una grandiosidad sublime que convierte a los edificios derrumbados y a las ciudades destruidas en un espectáculo. Él recordaba haber leído que en estas escenas se vislumbra una ilustración del fin del mundo que produce un goce inusitado. Todo sucede como si al contemplar los barrios deshechos por las bombas y las casas resquebrajadas, nos sostuviera el arcaico deseo de que culminase el Apocalipsis redentor ya que tenemos la certeza, un poco alucinada, de que nosotros sobreviviremos. Estas visiones, filtradas en la imaginación a través de los siglos, al percibirlas plasmadas en un papel o en una película, dejan incólume nuestra integridad física y la afianzan. La eterna y perversa tentación de abismos irrevocables de los que en ocasiones soñamos con salir indemnes.

Por otra parte, nos hemos dado cuenta de que también es habitual que, ante estas estampas intolerables de existencias rotas, nos convirtamos en testigos impotentes de la catástrofe y no sepamos qué hacer con nuestra indignación para involucrar a todos en una meta común que cambie el rumbo de la historia. Al cabo, sobreviene el olvido frente a la voluntad de poder que genera tanta violencia sin sentido.

Ahora que estoy reconstruyendo nuestro recorrido vespertino, no consigo darlo por cerrado. Un detalle de una de las copias en color exhibida en la galería todavía solicita mi interés, quizá porque destacaba, tras el cristal, como una metáfora de la profanación: sobre un trozo de calzada se extendía un charco de sangre, tal vez de una víctima anónima recién evacuada, en el que se distinguía la colilla de un cigarro arrojada encima.

Durante el camino de vuelta a mi apartamento, me pareció que las calles estaban adormecidas, aunque a lo mejor sólo se manifestaba mi propio cansancio. Juan me ha acompañado hasta el portal y antes de despedirnos nos hemos abrazado. Le he visto cómo se alejaba caminando despacio. Ya en casa, decidí tumbarme media hora en el sofá del salón y sentada después ante el escritorio he ido recuperando el orden de lo ocurrido.

Se me ha hecho tarde.

Voy a preparar algo para cenar e intentaré dormir.

MARTES

Las manecillas del reloj marcan las diez y veinte de la mañana. Hoy también he ido al parque a realizar un poco de ejercicio, que practico con una intención recreativa contraria a la contienda vinculada al sacrificio extremo. Tan temprano hay pocos transeúntes y quedan expeditos los senderos flanqueados de árboles para transitarlos con plena libertad. Después de algunos estiramientos y flexiones, paseo a buen ritmo y alterno la rauda caminata con un tramo de carrera, que interrumpo en cuanto la respiración se acelera demasiado, para así continuar el itinerario andando. En cualquier caso, evito establecer marcas con el empeño obstinado de superarlas. Me hace bien activar los músculos y me produce placer el movimiento, pero nunca llego a consumar el límite de mi resistencia.

Tengo la experiencia de que con el dinamismo del entrenamiento se aviva la intuición de mi propia complexión física, igual que si se tratara de una imagen en el espejo. Es como si al captar la anatomía en acción la cubriera una línea imaginaria que contrarrestara la gravedad de la materia que nos constituye y le otorgara un significado más sutil. Este pasaje que va de la opacidad subjetiva del despertar a la figura que entreveo desplazándose por los parterres me produce a menudo un gran bienestar.

Durante el intervalo que dedico a atravesar los jardines, pienso con frecuencia en el hechizo de una cerámica que pertenecía a mi abuela y que siempre me encantó. Se trata de la imitación de un ánfora griega: en una de sus caras, sobre un fondo amarillo, resalta en negro la superficie de tres atletas que corren desnudos, uno detrás de otro: las piernas avanzan, los brazos, un poco elevados, los acompasan, el tronco de los muchachos permanece recto y sus cabezas de perfil otean el horizonte con una expresión que no refleja ansiedad ni fatiga por el trayecto. Ese control de las facciones al ejecutar la marcha de largo recorrido me cautiva porque en esa representación los jóvenes competidores no pierden su radiante mesura, más bien parece que no se enfrentan entre sí, sino que, como tantos deportistas aficionados, han emprendido la prueba por puro gusto, enérgicos, sin ningún agobio ni apremio, quedando velado el auténtico espíritu agonístico que les inspiraba. En los Juegos Olímpicos antiguos debían de librarse intensas luchas por conseguir la victoria, como ahora, pero algunas piezas de arcilla de la época reflejan a los participantes destacando, sobre todo, una armonía ennoblecedora.

La preciosa vasija adorna en la actualidad una de las estanterías de mi prima Lidia, a la que yo escribía cuentos cuando éramos pequeñas. En cada visita que le hago, reparo en ese recipiente y lamento no haber litigado tampoco por él, aunque pienso que allí ha recuperado su esplendor primigenio.

Mi apartamento, en cambio, está despojado de todo ornamento. Sólo hay algunos cuadros que no he colgado aún, pues prefiero que las paredes permanezcan despejadas igual que los espacios que circunscriben. De hecho, todas las estancias poseen sólo unos pocos objetos imprescindibles. Con su revestimiento mínimo, esta vivienda rezuma cierto aire monacal, pero la luz que se filtra por las ventanas recae sobre la madera de los escasos muebles y baña la blancura de los tabiques convirtiendo la casa de ambientes diáfanos en un lugar austero con bastante luz, lo único que necesito para que me resulte confortable.

Esta manera de vivir sin la exigencia de un objetivo concreto que alcanzar y la indiferencia para medirme con los demás, así como la tendencia a construir un hogar en el que prevalecen espacios casi vacíos, son algunos de los rasgos personales sobre los que me hacía reparar Mateo. Me preguntaba a menudo por qué no escribía los cuentos y los poemas para que los leyesen los demás. Con estas observaciones él no pretendía señalarme alguna falta, sino más bien indicar la actitud de alguien libre de los desvelos que arrostran ciertas ambiciones y que, sobre todo, rehúye el conflicto. Esgrimía que el hecho de no tener hermanos y que mis padres no me hubiesen presionado en ninguna dirección facilitó mi índole reposada dando por sentado que el traslado al domicilio de mi abuela, tras la separación de mis progenitores, seguramente alimentó el afán de mantenerme tranquila en medio de cualquier turbulencia. En cierto momento sus palabras sí me llevaron a sospechar que quizá algo más opaco había consolidado mi incapacidad para soportar la tensión que implica conseguir logros que ni siquiera podía imaginar.

Sin embargo, ahora me cansa escudriñar los entresijos de mi conducta. Es verdad que al final de la jornada pondero cómo me afectan los acontecimientos del día y procuro no quedar anegada entre sentimientos penosos ni intenciones malvadas. Es un esfuerzo, por supuesto, pero he fraguado la habilidad suficiente para distinguir lo que me emponzoña el ánimo. Adolezco de un umbral muy bajo de tolerancia al dolor. Por eso lucho cuando me ataca la angustia. Leer y pasear me apaciguan. Según Mateo, varían levemente las estrategias para conseguir librarme del desasosiego, pero la finalidad es la misma desde que me conoció en la adolescencia. En cualquier caso, es inevitable problematizar la existencia de los que se baten contra cualquier alteración porque han convertido en un ideal el empeño de ser más imperturbables. Las veces que se me ha ocurrido plantearle estas dudas a mi padre, me ha respondido muy risueño que la vida es larga, pero que, en efecto, soy una estoica desde que nací.

La precaución actual quizá sea debida a que durante los dos años que viví sola en esta casa, de los dieciocho a los veinte, padecí crisis nerviosas que me provocaron miedos atroces y taquicardias muy severas. El médico generalista al que acudí, después de que el cardiólogo le enviara su informe favorable, me prescribió un fármaco psicotrópico que, en parte, me alivió. No se lo conté a ningún familiar ni amigo. Si bien mis padres siempre son generosos, entonces mi economía dependía por completo de ellos. Disimulé ante todos. Me sentía una traidora frente a la idea con que crecí de que es preferible buscar a alguien con quien explayarse sobre lo que nos desconcierta a soslayar los problemas y optar por la medicación. Cuando Mateo se aposentó aquí conmigo, ya habían disminuido los estremecimientos que anticipaban un inminente peligro y empecé a reducir la toma de las cápsulas hasta eliminar por completo su ingesta. Los aprontes de ansiedad nunca me han sido ajenos, pero aquel episodio, acotado en el tiempo, secreto, fue de una intensidad muy desestructurante. Por eso ahora, que estoy separada desde hace siete meses, presto más atención a lo que me perturba.

La ausencia de mi abuela primero y de Mateo en la actualidad me han obligado a prescindir de las seguridades del apego, pero se va modelando la intención de reconducir mi vida al margen de las presencias habituales que bloqueaban la posibilidad de responder con otro tipo de inventiva a lo que me hacía sentir incompleta. Me refiero, sobre todo, a la secuencia final de mi cohabitación en pareja, que tuvo algo de anestesia espiritual a pesar de nuestro afecto mutuo, porque mudarme a este apartamento al cumplir la mayoría de edad fue una tentativa candorosa para explorar mi creciente ilusión de autonomía. No adiviné el infierno que se avecinaba. En cambio, últimamente no ha aparecido el espanto, aunque sí me ha invadido, en diversas circunstancias, una punzante incertidumbre y una daga repentina de tristeza.

No obstante, desde que he empezado a escribir el diario me parece habitar una nueva intensidad. No han sucedido hechos extraordinarios que justifiquen un argumento vertiginoso en estas páginas, lo que ocurre sencillamente es este transitar por el lenguaje. Sólo transcribo algunos recuerdos y diversos acontecimientos de estas jornadas, pero siento que me gustaría posponer para dentro de unos meses mi vuelta al trabajo, que realizo sin apenas interés.

Lo cierto es que detesto la labor que desempeño en la gestoría. Llevo, sobre todo, la administración rutinaria de varios edificios con muchos vecinos, que además me obliga a asistir a algunas reuniones de esas comunidades. Me aplico a dicha actividad de forma mecánica, pero a veces me aterroriza el tiempo de absoluta alienación que paso cumpliendo con un deber por el que me pagan un sueldo para mantener mis gastos.

Sólo mi relación con Marina, que dirige la oficina, neutraliza el tedio de las mañanas. Es curioso porque la conocí en un destacado centro académico en que me inscribí para llevar a cabo un curso de técnica contable, al que mi progenitora me llevó casi de la mano. La casualidad permitió que Marina estuviera siguiendo allí un Máster en Asesoría de Empresas. Nos cruzábamos en los pasillos y a mí me gustaba su aspecto teatral en un contexto en que todos procurábamos pasar desapercibidos. Bueno, quizá lo que me llamaba la atención era su estilo inclasificable con vestidos largos y vaporosos parecidos a túnicas lánguidas y muy amplias cuya espalda la cubría su gran melena brillante y clara. Una mañana, que abandoné la clase, harta ya de soportar en el aula tanta prescripción jurídica y financiera, me escapé a visitar el Museo Sorolla, cercano a la escuela, y allí coincidimos. Se produjo un deslumbramiento. A la semana siguiente se la presenté a mi madre, que tras una entrevista, le propuso hacerse responsable de su pequeño negocio, que llevaba apenas tres años funcionando y donde el encargado acababa de despedirse porque le había surgido una oferta profesional bastante más lucrativa.

Marina es así, como el cielo o como el mar. Me refiero a que, desde el principio, la asocio al color azul: por sus ojos, por el tono que predomina en su indumentaria y porque le regalé un collar de lapislázuli la misma noche de encontrármela recorriendo la residencia del pintor valenciano. No sé por qué lo hice, pero quería sellar de algún modo lo que me gustó de ella desde el inicio. Cuando me fijé en su figura, que destacaba entre todos los estudiantes, le atribuí a su manera de ser una independencia que me atraía. Entonces yo vivía sola aquí, aunque poco después se instalaría conmigo Mateo, y la invité a cenar el mismo día que nos presentamos. Enseguida supe que era afable y casi diez años mayor que yo, pero sentía el deseo de acariciar su cabello, que posee esos reflejos un poco indefinidos de la arena al enmarcar un rostro como el suyo de piel muy blanca. Tiene dos hijos y, a pesar de ello, persisten nuestros espacios para conversar, pero cuando la conocí, desde la desorientación en la que andaba sumida, ella se convirtió en una referencia, tal vez porque me parecía lo contrario de una persona angustiada. Por cómo me afectaban sus gestos, sus movimientos y la manera en que empezó a relacionarse conmigo, me evocaba el equilibrio que proyectan en una habitación oscura esos haces de luz que se filtran por una ventana. Me había inscrito en las clases de contabilidad donde, sobre todo, me aburría y, de pronto, reparé en la presencia de una alumna atípica. Desde mi estado desapacible, y distanciada de mis allegados, se convirtió en un punto de anclaje.

No suelo reaccionar con desconfianza hacia los otros, pero con Marina, además, fui muy activa. Algo me alentaba a conocerla más. Estaba casada con Andrés, un biólogo dedicado a la investigación, que sigue siendo su pareja. Al tratarlos, supe que congeniaban a pesar de que él encarnaba al espíritu inspirado por la concreción abstracta y ella a una dama de las letras, aunque estudió económicas con gran reticencia y conminada por las expectativas de su ascendiente familiar. Nunca renegaba de ello. La literatura formaba parte esencial de sus hábitos. No atesoraba erudición, pero su vínculo con los libros era la mediación a través de la cual construía el sentido de todo lo que le importaba y quizá también su procedimiento para demarcar y expandir lo que en su horizonte era significativo. En nuestros intercambios, ponía cierto orden en mi caos.

Marina se desplaza con frecuencia entre las lecturas, si bien todas las exprime para verterlas en un cántaro que también se pueda usar para dilucidar las penumbras de uno mismo y de los demás. A la sazón se movía con gusto entre las novelas realistas del siglo XIX, sobre todo las francesas, inglesas y rusas. Recuerdo que comentaba títulos precisos, tramas que le parecía que iluminaban nuestra existencia, aunque se desarrollaran en un mundo que, en muchos aspectos, era distinto al actual. Estaba convencida de que nosotros no habíamos cambiado tanto ni éramos tan diferentes de esos personajes a los que ella prestaba en sus descripciones una atención privilegiada. Según su opinión, esas criaturas que poblaban la escritura decimonónica eran nuestras hermanas en su entusiasmo y desesperación, también en sus dudas y, por supuesto, en los riesgos que asumían o las paralizaban. Afirmaba que los avances tecnológicos no habían supuesto ningún progreso moral ni psicológico en nuestra especie, sólo algunas costumbres se habían modificado.

Entonces yo la escuchaba atónita, pero en mi fuero interno advertía que la equívoca y contradictoria libertad que caracterizaba nuestro contexto occidental, así como la rapidez con que ahora se sucedían los acontecimientos, provocaban entre nosotros una gran dispersión y conducían a muchos congéneres a interiorizar mandatos insensatos para realizar su individualidad entregados a múltiples actividades en un universo donde primaba, sobre todo, lo efímero. Internet no contribuía tampoco a que invistiésemos el curso del tiempo mientras saltábamos entre informaciones y ocurrencias en un presente atomizado. A veces oigo las noticias y se refieren a los desastres producidos en distintas geografías debido a la violencia y a la economía, pero apenas logro entender, me quedo estupefacta, pues me siguen pareciendo oscuros los avatares de la historia que asolan nuestro planeta. Las conexiones de todo tipo han anulado la distancia entre los países, que ya no resultan lejanos entre sí. Todo está cerca y, sin embargo, la hospitalidad es un efecto de superficie. La pobreza irredenta perdura en los distintos continentes y, frente a ese caótico telón de fondo, hemos de fraguar la propia existencia sin quedar aplastados por la crudeza de tantas situaciones que inducen a la melancolía. Al hablar con mi padre en aquellos momentos, ya me confirmaba que, en efecto, a nuestra condición llena de sinsabores inevitables debíamos añadir la iniquidad que propagábamos y que, sin embargo, había que madurar contra la inmediatez y la fugacidad de las eventualidades que despojan de espesor a la experiencia. Yo no sabía qué hacer, ansiaba encontrar caminos que recorrer, para demorarme y avanzar, en dirección a algún lugar y, sin embargo, lo que se me aparecían eran calles sin salida cubiertas por la niebla, pero a pesar de mi desaliento buscaba por todas partes indicadores para no continuar perdida.

Lo que ocurre es que Marina sí poseía algo de mujer del siglo XIX, una consistencia que a mis ojos la hacía más real. En su caso pudo elegir, pero era evidente que en ella cohabitaban la valentía de conocer el precipicio y el propósito de establecerse en un marco de convenciones que la protegiese de quedar fijada al grito, al desgarro y a la agitación dislocada que carece de un relato en el que encuadrar la propia vida. Por eso, ella consideraba que el entramado emocional de las ficciones de hace más de una centuria eran un espejo en el que podíamos mirarnos todavía, pues ahí se hallaban todas las pasiones, el bien y el mal, y la pulsión tenaz con que los protagonistas, siempre entre el albedrío y la fatalidad, construían sus biografías aguijoneados por deseos que los impulsaban a seguir hacia adelante en una sociedad que sentenciaba con un desigual reparto de papeles a los seres humanos. Mi nueva amiga entendía que podíamos reconocernos en las historias de esas prolíficas narraciones, a pesar de los conflictos propios de la civilización a la que pertenecíamos, la que a veces nos convertía en fantasmas diminutos que intentan trazar un sendero dirigido a ningún sitio. Me prestó algunos ejemplares porque, a pesar del desfase temporal, pretendía persuadirme de que en ellos se perfilaban rostros, peculiaridades y vicisitudes que, aun inscritos en otra época, continuaban emitiendo señales clarividentes a nuestros contemporáneos. La miseria y la abundancia, el fervor del enamoramiento y las tribulaciones desesperadas, las normas sociales que inscriben a los sujetos en la comunidad y la marginalidad, la aventura y las costumbres, lo festivo y el rechazo que se fragua en soledad, la aspiración a la justicia y los escrúpulos de la conciencia, las preguntas esenciales para saber quiénes somos y las rutinas que aprisionan, la guerra y la paz. No somos tan distintos a ellos, sentenciaba. Para mí, ofuscada en una pesada sinrazón, era un alivio escucharla tan convencida de que la literatura, incluso la más antigua, reflejaba el padecimiento y el goce, el desatino y la cordura, el egoísmo y la generosidad, la cruel avidez y la compasión. Es posible cambiar, me decía.

En aquel periodo, el vértigo que me dejaba insomne se aplacaba en compañía de Marina. Me olvidaba de mi miedo a morir, que encriptaba una inclinación a desaparecer ante la tempestad de absurdo que me embargaba. Evitaba a Mateo, con la cautela de que no descubriera mi tormento, y me tumbaba en la cama ovillada como un recién nacido. Aprendí a disimular y a manejar la puesta en escena con mi familia. No deseaba ver a nadie, pero la aparición de Marina, que se cruzó en mi camino igual que la brisa en una playa al ocultarse el sol, surtió en mi ánimo el efecto de un sedante. Es cierto que ya había iniciado el tratamiento que me aconsejó el médico, pero creo que fue entonces cuando empezó a remitir aquella catástrofe.

El amor y la amistad: Mateo y Marina me salvaron, ya que junto a ellos dejó de resultarme tan superflua la existencia. Han pasado catorce años desde que se inició aquel episodio demoníaco de sufrimiento, pero sobreponerme a la onda expansiva de la hecatombe, en el fondo tan opaca, infundió en mí una prudente gratitud, aunque en algunas ocasiones, supongo que como le ocurre a la mayoría de ciudadanos, me ha estrangulado la culpa por no ser yo la víctima de una desgracia irreparable, por no pasar hambre, por no residir en una ciudad asediada, por no sobrellevar una enfermedad invalidante, por tener un trabajo remunerado, por disponer de cierta energía para enfrentarme a la insatisfacción y, quizá, por no estar desahuciada por completo de pequeñas compensaciones cotidianas. Intento comprender, sostener el afán de la jornada, pero al final, huyendo de la depresión y la ansiedad, no las pierdo de vista, como si ambas estuvieran esperando a que me distraiga para irrumpir con toda su ferocidad. Ese es el motivo por el que cada día se precipita para mí como una crisis que he de solventar.

Hoy, antes de escribir estas notas en el diario, llamé a Elena y le he propuesto, tal como ella anticipó en su mensaje del domingo por la noche, vernos al mediodía en la misma terraza en la que cenamos ese día. Hemos quedado a las dos y media. Voy a vestirme (pantalón negro y camiseta blanca) y saldré enseguida para encontrarme con ella.

He vuelto.

Al llegar donde nos habíamos citado, Elena ya me esperaba de pie. Me sorprendió que llevara un capacho de mimbre colgado en el hombro. Me dijo enseguida que dentro traía unos bocadillos de atún que había preparado, aceitunas de acompañamiento y queso para el postre. No se olvidó de incluir un pequeño mantel de color beis con cuadrados diminutos del mismo tono. Me propuso ir a comer al parque tras comprar unas botellas de agua fría. Caminamos bajo el sol ascendiendo por la calle. Hacía calor, pero avanzamos animadas por el plan improvisado. Ya en los jardines, elegimos un espacio no muy concurrido y nos sentamos sobre el césped en una zona de sombra para almorzar.

Elena no le ha conferido ninguna importancia a la noticia de que estaba escribiendo un diario y que lo seguiría haciendo durante unos días. Parece que ella también anota por las noches consideraciones diversas en un cuaderno. Se ha explayado sobre la antigua costumbre de muchas personas de dibujar y escribir.

Después me ha participado su recuerdo de *El oficio de vivir* de Cesare Pavese, los textos que el escritor italiano -también editor y traductor- fue registrando desde 1935 hasta 1950 y que se publicaron póstumamente. Elena ha afirmado que en esas páginas es posible espigar ideas literarias muy sugestivas. En ellas, según mi amiga, se anudan misoginia y melancolía en un tejido que busca otorgarle un significado al sufrimiento y donde el autor compara la ascesis de los monjes con la de los artistas burgueses. Esto ha guiado la conversación: templar el ánimo para realizar una tarea, concentrarse en el quehacer que lleva aparejada cualquier actividad creativa, el sacrificio que muchas veces comporta, la inevitable y frecuente insatisfacción y, sobre todo, la soledad. Al centrarnos en la soledad, estábamos de acuerdo en que sucede como si cualquier movimiento introspectivo nos despojara a veces de la ilusión de sostén que nos dan los demás. Ahí brotan las punzadas de dolor consecuentes, que luego la acción ocasionalmente neutraliza. Tal vez sea ésta la desarmonía del hombre en medio del mundo a la que Pavese se refería, su capacidad de sufrir, capacidad que se alza al margen de las circunstancias de miseria material. Hemos mencionado como un susurro el hecho de que él se suicidara, como si esa muerte fuese un acontecimiento propio de su subjetividad alterada y no guardara vínculo alguno con todo aquel malestar existencial que le empujaba a escribir. Nunca sabremos, concluía Elena, quién con su actuación se ubica más cerca de la verdad.

La charla ha sido tranquila, a pesar de tomar como punto de partida la obra de un hombre invadido por la tragedia. El sufrimiento de otro promueve nuestra compasión, pero se produjo una distancia que nos permitió convocar las palabras del escritor italiano sin que nos tentara confrontarnos, como en otras ocasiones, en una polémica. Sólo nos cuestionamos si no era mejor crear, como muchos artistas se ven impelidos a ejecutar su labor, en medio del ajetreo diario, aprendiendo a aislarse ocasionalmente para que fragüe la tarea.

La sombra suave nos ha acompañado mientras comíamos y Elena se ha mostrado distendida. Algo me ha contado de un viaje de trabajo que tiene previsto a Roma para la semana que viene. Es un proyecto que la ilusiona. Ha sido bueno el encuentro. Hemos mantenido un tono sosegado y no ha sido necesario aludir al enfado previo. Me parece una suerte cuando las situaciones progresan sin tener que aclarar de nuevo los conflictos ni volver a pedir perdón. Aceptamos la sinceridad de las reparaciones subsiguientes al enojo tal como se presentan y toleramos nuestro carácter que, a veces, ejerce una mala influencia en la relación. Nos hemos despedido hasta el sábado, porque ella también ha sido invitada a la fiesta que va a organizar Mateo.

En los momentos en que Elena se muestra apacible, le acompaña un halo de tristeza que, no sé si es su modo habitual de manifestarse cuando la rivalidad y la furia no la impulsan, o si éstas últimas, su competitividad y su ira, son una manera de defenderse contra un estado depresivo latente desde su infancia. Tal vez, este pasaje de la pena a la rabia sea, en su extremo, una marca originaria de cualquier destino. Nos hemos separado al salir del parque y la he visto alejarse erguida, elegante, consciente de sí, veloz.

Yo he regresado reconciliada y expectante. Dispuesta a transcribir estas observaciones sin otra mediación que la de evocar la posibilidad de que el tiempo transcurra sin graves heridas.

MIÉRCOLES

Luisa, la mujer brillante del grupo de teatro, ha muerto. Me han comunicado que en un adelantamiento, una furgoneta se estrelló contra su coche ayer a las diez de la mañana. Jamás estamos preparados para las pérdidas súbitas. Se está vivo y, de pronto, se es un cadáver. La primera reacción es de incredulidad, luego un clavo te atraviesa el corazón. Esta mañana me encontré en el tanatorio con tres compañeros de las reuniones de los miércoles. Ofrecían sus condolencias a los dos hijos de la difunta.

Ella, a petición propia, para la sesión de hoy, se había preparado *La vida es sueño* de Calderón de la Barca y leeríamos algunos pasajes de dicha obra seleccionados con anterioridad. En muchas ocasiones, durante sus intervenciones, la he oído reivindicar la libertad y la razón, acompasadas con la buena voluntad, como guías de la existencia frente a un destino ciego escrito en el firmamento. No obstante, su muerte es un ejemplo de cómo la vida está expuesta a accidentes y vicisitudes que sobrevienen en los márgenes de nuestro dominio. Obviamente, esta tarde no nos reuniremos.

Otra vez la muerte. Mi orfandad metafórica en este caso es peculiar, porque este diario avanzaba para que Luisa lo leyera, para subsanar el desconocimiento, para que me suscribiera, si era posible, en la escritura. La había elegido como lectora.

Hace unos meses, en invierno, Luisa, Alfredo, un hombre también del grupo, y yo fuimos a tomar un chocolate caliente a un bar cercano. Ella llevó las riendas de la conversación con la intención evidente de que no nos punzara la timidez. Nos comentó que nuestros encuentros le estimulaban mucho, ya que, al tener que hacer una puesta en común, se veía abocaba a pensar de manera arriesgada. Declaró que le proporcionaban ese placer del trabajo en equipo. No sé si los demás estábamos tan implicados, pero me agradaba escucharla, pues descubrí su querencia por mejorar el mundo, por las actividades que cuentan entre sus objetivos la transformación social, signo probable de su generosidad no solo intelectual. Poseía el don de la disponibilidad para los otros, la capacidad de entrega. Nos mencionó que hacía ya bastantes años perteneció como voluntaria a una ONG que enviaba directores de teatro aficionados a las asociaciones de vecinos de los barrios más desfavorecidos. Trabajaban con las personas mayores en clubes de lectura. Leían los dramas y comedias clásicos adaptados repartiendo los papeles y, salvo alguna contrariedad inicial, todos mostraban su entusiasmo. Era una labor en apariencia sencilla que comportaba, sin embargo, un gran aporte de energía, porque había un quehacer intenso para transmitir la comprensión de los textos entre individuos no acostumbrados a leer. Nos dijo que añoraba esa etapa porque entonces rebosaba juventud.

Luisa no era vieja, tenía sesenta años, pero aparentaba bastantes menos. No se puede decir que fuera una belleza incontestable, pero resultaba atractiva. Sus ojos negros eran muy vivaces y una nariz un poco aguileña confería carácter a su rostro. Desde que se quedó viuda, había dejado de teñirse el pelo. Lo más cautivador, sin duda, era su forma de hablar. Llamaba la atención su perfecta dicción emitida con una voz poderosa. Se quitaba las gafas cuando respondía y miraba fijamente al interlocutor. Su ausencia la sentiré siempre. A partir de ahora encontraré personas que, por algún motivo la evoquen, porque esa es la manera que yo tengo de tramitar las pérdidas, proyectando en desconocidos lo más característico de los que se fueron de mi lado.

Cancelé con mi madre la comida en el restaurante italiano; ella me propuso que, cuando finalizase la incineración, me fuese a su casa a comer. Llegué a las cuatro y media. Al abrir la puerta pronunció mi nombre, Miriam, con mucha calidez. Nos abrazamos. Había preparado espaguetis *vongole* y las dos dimos cuenta de nuestros platos en silencio. Tomando el té, le hablé de Luisa y le confesé que, aunque apenas había tenido trato personal con ella, era la destinataria de mi diario. Mi madre me espetó que siguiera escribiéndolo como si no hubiera muerto, que podía dedicárselo. Lo cierto es que no deseaba pensar nada al respecto. Indagaría al llegar a mi apartamento si continuaba percibiendo el requerimiento de escribir.

Casi seguro que no es cierto, pero tenía la impresión que era la primera vez que mi madre y yo hablábamos de una forma tan colaborativa. Mientras recogíamos la cocina, me dijo que estoy rodeada de mujeres a las que admiro y que a ella en cambio no la quiero. Me dejó muy sorprendida esa alusión afectiva, ya que entre nosotras no hacemos concesiones a la sentimentalidad. Tras unos instantes de titubeos, nos hemos reído de su ocurrencia y hemos salido a dar un paseo.

Mi madre vive en la zona norte de la ciudad. Su barrio posee calles con muchos jardines. Mientras caminábamos, me ha comentado que el año pasado había leído una selección de fragmentos del *Diario íntimo* de Amiel, el moralista suizo que a finales del siglo XIX anotó con minucia y sinceridad su devenir cotidiano. Este diarista que marcó un hito en el género, pues vivía para consignar todos los pormenores de su acontecer, hizo de registrar las vicisitudes diarias de sus pensamientos y escasas acciones el faro de su vida. Eso daba una base justificativa a su existencia solitaria. Ese retrato no se adecuaba a mí y le he aclarado que yo llevaba escribiendo cuatro días y que seguiría el diario sólo unas jornadas más, si es que no lo interrumpía hoy mismo. Ella ha añadido que la recomendación de Amiel era no quedarse en las actividades, sino en su resonancia subjetiva, no en los hechos, sino en el eco que deja en la conciencia. Mi progenitora no pretendía darme consejos, pero prefería que volviera a diseñar relatos, porque como el profesor suizo consideraba, el monólogo de los diarios era acomodaticio justo por ser privado. La ficción o el ensayo otorgaban a las menos complacientes, entre otras razones, porque se publicaban con un estilo acabado. Parece que cuando volvamos a vernos me regalará el libro porque, según afirma ella, está plagado de reflexiones jugosas, como por ejemplo, me decía, la convicción de Amiel de que lo verdaderamente esencial, en cuanto a lo escrito por un autor, es lo que dura, lo que resiste a la muerte y, sobre todo, lo que es fecundo.

Al final, hemos bajado al aparcamiento y me ha acompañado en su coche en el camino de regreso a mi apartamento. A las siete el vehículo aparcaba frente a mi portal y nos hemos despedido bastante cordiales.

Mi madre, no obstante, me ha reprochado mientras conducía que con ella no tengo tanta confianza como debiera. Nunca he dejado de preguntarme por qué, cuando yo acababa de cumplir los cinco años, me dejó en casa de mi abuela para que me criara. Se supone que hay que proteger a los niños porque permanecen frágiles un tiempo considerable. Suelen ser los hijos quienes se alejan de la casa familiar cuando son mayores. Los padres han de trabajar psíquicamente para tolerar la emancipación de su prole a la edad adulta. En mi caso, fue mi madre la que se liberó demasiado pronto de mí. Tampoco he tenido la tentación de juzgarla sino más bien la de comprender, pero hay conversaciones que no hemos cursado, lagunas en la sombra, a lo mejor secretos casi olvidados. Lo cierto es que el reconocimiento y la legitimación los he buscado en mi padre.

Nada más abrir la puerta, he ido derecha al sillón. Me he sentado recostada hacia atrás y he cerrado los ojos. Voy a continuar el diario porque deseo profundamente cambiar de vida y se convertirá en un texto a la memoria de Luisa. Lo finalizaré pronto y, mientras tanto, espero ser capaz de asumir alguna decisión. He tomado una buena ducha y me he quedado dormida. Pasadas las diez, un ruido en el techo me he despertado y he empezado a escribir.

Cuando se tiene una tarea, ya sea el trabajo habitual, ya sea el de llevar a término un escrito, nos sentirnos menos responsables de los desórdenes del mundo. Esta noche yo soy el gran desastre: entre la tristeza y la desesperanza, porque sufrir escapa al conocimiento. Y, sin embargo, también progresa la guerra en Ucrania. No quería ni mencionarlo. La población está perdiendo sus hogares, pasan hambre y miedo, el terror y la muerte les atenaza sin ninguna certeza de cuándo concluirá ese infierno. Muchas imágenes de edificios destruidos me recuerdan a las fotografías de ciudades sirias que vi con Juan, otra contienda múltiple angostada por sus estertores. La paz debería ser uno de los objetivos prioritarios de los gobiernos, si no el principal. Sin paz no se puede intentar llevar una vida digna y, mucho menos, procurar ser feliz. Los Estados han de inhibir el deseo de matar y no violentar el derecho a la vida. Por otra parte, los tratados de no beligerancia entre naciones tendrían que respetarse gracias a instituciones que velasen por el cumplimiento de la legalidad internacional, no habría que derramar ni una gota de sangre de los ciudadanos por un pedazo de territorio y cada ser humano tendría que ser educado en la confraternización con sus semejantes, de modo que la paz fuera siempre un fin en sí mismo. Es en esta tesitura cuando solemos inquirir por el sentido que tiene la existencia de los ejércitos, por la expansión de la industria armamentística, por el alijo de artefactos nucleares que proliferan en distintos enclaves y que experimentamos como una amenaza.

Entonces, qué inmensa fortuna no vivir bajo las bombas, no existir con necesidad en medio de la tierra devastada. ¿Cómo me atrevo a quejarme? A menudo medito sobre el lazo social y termino rogando por mi salvación a través de él, pues como Luisa, los ucranianos son también mis hermanos.

Hablar de una pérdida y escribir sobre ella consuela. Me pregunto si podría ser eficaz en la protesta antibelicista sólo con el lenguaje, pero lo que hago es inocente. Elena me ha repetido hasta la saciedad que son los Estados los que dominan la lengua, algo indisociable de su poder. Comentando las novelas de Juan, proclamaba que había que ser más inventivo para hacer la revolución con las palabras, no para producir el efecto de posibilitar un acercamiento asintótico a las mejores condiciones de vida, no para influir en la mente de los lectores, no, ella afirmaba que con la fuerza de la imaginación se podían, gracias a la sintaxis y la morfología, subvertir los códigos y los valores del mundo.

He encendido el teléfono y me he encontrado mensajes de Mateo -confirmar la asistencia a la fiesta el sábado a las nueve-, de Juan -Sara se ha roto el tobillo-, a los que he contestado, y de mi padre – he apalabrado tomar algo con él el viernes porque ese día no trabaja por la tarde-. Por mi parte, le he escrito a Marina, porque quizá mañana podríamos vernos. En la oficina, desde hace tres años, tenemos todos los días jornada continua y quedamos liberados a las tres. Me vendrá bien estar acompañada.

Ahora, a las dos de la madrugada, después de esta somera síntesis, voy a salir a caminar, a despejarme, a recorrer el bulevar unos cuantos kilómetros para auspiciar que se concilien el alma y el cuerpo.

JUEVES

Anoche regresé a las cuatro y he dormido hasta las nueve. No me he levantado cansada. La marcha me prestó bien: se apreciaba un suave frescor, había unos pocos transeúntes por la calle, gente en las terrazas y coches que se deslizaban por la calzada. La ciudad iluminada invitaba a recorrerla, como si una suavidad metafísica colmara el aire, incluso parecía que era más sencillo sobreponerse a lo obvio, a lo que permanecía ahí desde siempre. Andar con nocturnidad amainó la zozobra y me puso alerta hacia el redescubrimiento de algunos edificios, de diversos árboles y plantas. El paseo, con escasa concurrencia, facilitaba que el espacio abierto transformara la percepción de los objetos, que aparecían más sólidos y nítidos, perfilados como en un cuadro. El exceso de luz diurna desdibuja los contornos. Durante el camino, recordé a Luisa, pero me sentí entera, menos desfondada. Pensé que a esa hora muchos vecinos descansaban, pero otros, por distintos motivos, fueron impelidos, como yo, a instalarse en el exterior a esa hora avanzada. Se trataba de una solidaridad muda, una complicidad implícita que, cuando observaba los distintos rostros bañados por la claridad que irradian las farolas, hacía que me quedara fascinada.

La llamada telefónica de Juan la he recibido a las once y media desde el instituto, en el recreo de los muchachos. Me ha informado de que Sara, al mediodía de ayer, al salir del supermercado, cuando ya había realizado la compra e iba cargada con dos bolsas repletas de avituallamiento, se lanzó deprisa sobre dos escalones para llegar al suelo más rápido. Cayó con el tobillo doblado. Un hombre acudió a su llamada de socorro y la llevó al hospital. La escayola la mantendrá, en principio, hasta dentro de un mes que le practicarán una nueva radiografía. Su madre se ha instalado en el piso que Sara, que no puede plantar el pie quebrado, comparte con su hermana, para ayudarla en todos los menesteres. Juan la acompañará por las tardes.

No asistirán ninguno de los dos a la fiesta de Mateo, pero lo que más teme la accidentada es la dependencia que este percance comporta. Necesitar ser asistida para todas las actividades que impliquen un desplazamiento. Un contratiempo, un acontecimiento inesperado, que trastoca las rutinas diarias. Juan está preocupado porque Sara, pese a sus pesadillas nocturnas, que no cesan, es una mujer muy independiente, precisa, en todas las circunstancias, sostenerse en su autonomía. Me sorprendí poniéndome en su lugar y fantaseando con que, en esa coyuntura, tal vez iniciaría una correspondencia, un epistolario, aunque fuese con alguien que residiera cerca de mi domicilio. Yo misma estaba dispuesta a proponérselo cuando conversara con ella.

Poco después de Juan, me ha telefoneado Marina desde la oficina. A mi pregunta sobre cómo iba el trabajo, me advirtió de que ya están preparándolo todo para el trimestre de impuestos. Ante mi queja, enseguida me ha invitado esta tarde a las cinco para tomar un té en su casa. Quiere que hagamos un bizcocho de coco para que me lo traiga conmigo y lo guarde en la despensa. Opina que me vendrá bien para desayunar y merendar.

Son las dos y media de la tarde. Voy a quitar el polvo de los muebles, a pasar la aspiradora y a limpiar el baño. Comeré una tortilla francesa con queso y después saldré rumbo al piso de Marina, que vive a diez minutos en metro desde donde yo me encuentro.

He regresado.

Marina me recibió con signos de preocupación, pero no le pregunté por su semblante taciturno al inicio del encuentro, prefería esperar y observarla más despacio. Tomamos el té con unos bombones en el cuarto de estar. Sus hijos permanecieron todo el tiempo en sus respectivos cuartos. Ya tienen doce años Eloisa y quince Fabián. Andrés, su marido, no había vuelto aún del laboratorio.

Cuando terminé mi infusión, me levanté de la butaca para acercarme a la pared de enfrente forrada de libros. Marina sacó de uno de los estantes tres novelas inglesas contemporáneas y me recomendó que las leyera tranquila. Su consejo fue que no tuviera prisa en devolvérselas. En el último año ella había dedicado sus horas de lectura a diversos autores británicos que, pertenecientes al siglo XX, seguían publicando en la actualidad. Algunos habían fallecido. Trataban temas que, aunque fuesen intimistas, poseían una vertiente histórica. Todos se desempeñaban con gran lucidez. Me sorprendía el cambio de siglo, le comenté, a lo que Marina sentenció que nadie permanece con el espíritu macizo en lo que respecta a sus gustos después de asistir al crecimiento de los hijos. Intentaba hablar con tranquilidad, pero yo apreciaba en sus gestos un malestar contenido.

En la cocina todos los ingredientes para elaborar el bizcocho estaban sobre la encimera: harina, azúcar, huevos, levadura, aceite, yogures y coco rallado. En un bol Marina fue mezclando y batiendo los ingredientes con una soltura inimaginable. Después, la mezcla la vertió en un molde que introdujo en el horno durante cuarenta minutos. Le di las gracias por el regalo.

Fue ahí, mientras bebíamos otro té, cuando le pregunté si se sentía preocupada por algún motivo. Me respondió que había surgido un conflicto familiar.

Les había llegado una multa porque sorprendieron a Fabián haciendo una pintada con espray verde en la pared de un edificio al lado de un portal. Parece que es una práctica que realiza con frecuencia. Dibuja por doquier unos globos de medio metro con piernas, brazos y expresiones diversas en el círculo que representa la cara. Esta era la primera vez que la policía le pillaba en acción. Para su marido eso no es más que vandalismo. Le parece horrible que manchen la ciudad con signos tan evidentes de poco civismo. Otra opinión le merecen los murales legales. Esos muros en los que se expresa una idea o una imagen compleja que requiere destreza y visión del contexto por parte del ejecutante. La sanción había llegado el día anterior y el padre del chico le había castigado sin salir con sus amigos los fines de semana de este mes. Marina no era partidaria de dicha medida, sino de conversar con el adolescente para que tomara conciencia de que tenía que abandonar esa actividad y plantearse, si así lo prefería, otro tipo de arte urbano que no estuviera reñido con la ley y la buena factura. Marina declaraba que no está acostumbrada a discrepar con Andrés y menos cuando lo que se ventila es un asunto de su progenie. Sugirió, no obstante, que hay algunas intervenciones visuales e ilegales que manifiestan una denuncia social o abren la perspectiva a una iluminación que también son interesantes. Sin menoscabar el sentido contestatario que otorga dicha acción a quien la lleva a cabo. Se trata de obras gratuitas de las que puede disfrutar toda la comunidad. De cualquier modo, zanjó ella, tampoco pretendía darle demasiada importancia a lo ocurrido, pues estaba convencida de que en breve todo se saldaría con una charla menos violenta. Lo que sucedía es que el percance era reciente y no solían producirse disgustos entre los cuatro.

Después, Marina me habló de los *Diarios* de Sofía Behrs, la esposa de Lev Tolstói, unos escritos que resaltan por ser los de una mujer abnegada que se entregó a la familia, su razón de ser, llena de culpa, inseguridades y tristezas. Le ha producido vértigo la admiración que sentía por su pareja en la que proyectaba toda la inteligencia y talento desatendiendo su propia valía. Todo lo arriesgó al vínculo conyugal y cuidado de los trece hijos a los que amamantó y educó, aunque algunos no sobrevivieron. En esos textos autobiográficos se mezclan la furia y los autorreproches. Al principio, ella sentía unos celos desquiciantes por el pasado del autor de *Anna Karénina* y le costaba trabajo ubicarse en su papel de mera compañera frente a las múltiples actividades de él. Sofía, una dama muy culta, en multitud de ocasiones, hubiese preferido que su marido no abrigase tantos intereses, que el amor lo llenase todo en una reciprocidad sin fisuras. Le torturaba que él no la quisiera. Cuando pasaron los años, ella no suscribió las ideas piadosas de Tolstói y todos los discípulos tolstoianos le parecían gente rara, hombres poco simpáticos y mujeres histéricas. Rechazó desprenderse de los bienes materiales y que las obras del célebre escritor pasaran a dominio público. Siempre hubo en la entrega de Sofía un hiato profundo entre la realidad y su deseo.

Mi amiga me contaba esto porque entendía que yo me estaba resituando en la vida de una manera distinta a mi circunstancia anterior. Me encontraba sola y llena de dudas, pero opinaba que mi diario también era un modo de hacer frente a la existencia con valentía. Ante las nuevas coyunturas, avanzaba con estas notas sin dejar de preguntarme por mi lugar en el mundo. Según ella, procesaba un ejercicio de introspección insustituible.

Al final, asimismo le agradecí que me alentara, que pensara en mí con generosidad, y así hemos quedado para el sábado, pues irá a la fiesta de Mateo.

Ahora voy a cenar un poco de fruta y voy a intentar dormir.

VIERNES

He desayunado un trozo del bizcocho que me regaló Marina con una taza de café. Me gusta desayunar despacio y en silencio. Para mí es la ingesta menos social. Ya sea en un bar o en casa, es cuando voy cobrando conciencia de que estoy viva. Un tiempo inaugural, de emoción pausada que me empuja a sumergirme en la jornada. A lo largo de la mañana bebo varios cafés, pero el primero se me presenta como un rito privado que me ubica en el mundo con todas las expectativas intactas. A esa hora las posibilidades se multiplican, como si aconteciese una ceremonia de la libertad. Con frecuencia, recién levantada, pienso en mis sueños, pues sus secuencias, en ocasiones, aparecen como un enigma a descifrar, y si no puedo asociar ideas significativas, me deleito en ellas como si me alumbraran con una luz directa. A veces, me asombran esas imágenes oníricas, porque pareciera que no se hallara en mí el origen de las mismas. Son los momentos de contacto con el misterio.

Luego me fui a hacer un poco de deporte al parque y al regresar, tras ducharme, cogí una libreta y he venido a esta biblioteca centenaria a escribir. Ya en el apartamento volcaré al ordenador lo que voy anotando.

Desde este lugar, me parece innecesario comprar libros, ya que estas instituciones los prestan. Hacemos poco uso de estos espacios que permiten leer y escribir en las mejores condiciones. Por suerte, a mí me dejan muchas obras mis allegados, pero para alguien como yo, con un presupuesto tan escaso, estos templos de sabiduría se convierten en una opción justificada que convierte en cierto el eslogan desgastado de que al saber ha de tener acceso toda la sociedad. Además, la concentración es contagiosa. Prolifera un espíritu de estudio entre los asistentes de todas las edades que invita a centrarse en la propia labor. Por otra parte, me alegra mi presencia aquí, porque lo normal es que en la franja matutina esté en la oficina resolviendo una serie de tediosos trámites y documentos.

La primera vez que pisé una biblioteca pública fue a los seis años con mi abuela, cerca de su casa, donde los domingos por la mañana, una vez al mes, venía un cuentacuentos a entretener a los infantes de la vecindad. A mí me asombraban por su expresividad. Notaba la gran diferencia con la comunicación habitual. Me dejaban tan anonadada las muecas y el tono de voz de esos personajes trovadorescos que apenas podía seguir el hilo de las historias. La perplejidad era la sensación dominante. Nadie hablaba así, salvo ellos, nadie me narraba los relatos con esa mímica para puntuar la dramatización de los sentimientos. Pero asistir me gustaba. Me encantaba que nos sentáramos en el suelo en una estancia amplia, luminosa, mientras escuchaba a los otros niños intervenir o reír a carcajadas. Otros lloraban. Eso nos conmocionaba a todos. Yo me quedaba atónita y seria, fija en los declamantes. El maquillaje y el movimiento de sus manos atraían mi atención. Resultaban muy cautivadores. De pronto, para mi tristeza, acabaron las actuaciones, después de varios meses no volvieron más, y, ya de adulta, siempre he anhelado asistir a alguno de esos espectáculos para los más pequeños con el objetivo de comprobar si era capaz de seguir la narración sin quedar hipnotizada por aquella vehemente elocuencia.

A esta biblioteca antigua he venido asimismo algunos veranos, en el mes de agosto, cuando los habitantes de la ciudad se habían marchado de vacaciones. Algunas tardes me acompañaba Mateo que en esos periodos, además de la resolución de sus problemas matemáticos, también leía literatura de viajes. Es un enclave que me trae buenos recuerdos. Hace unos años había una cafetería en la planta baja. Era muy agradable bajar un rato a tomar algo fresco o quedarse a comer y pasar aquí el día. Dejé de venir sin darme cuenta apenas y hoy paso estas dos horas en una de sus salas para concederme un rescoldo de nostalgia en un lugar hermoso.

Han ocupado todas las mesas de lectura jóvenes estudiantes que preparan los exámenes y opositores. El reloj marca la una y diez. Me voy a marchar hacia mi domicilio para comprar algo de comida y hacerme una paella de verduras.

El arroz me ha quedado muy sabroso. He descansado un poco y las notas ya están pasadas a limpio. Ahora saldré a dar un paseo antes de acudir a la cita con mi padre.

Me encontré con mi padre a las siete en una coctelería del centro. Él sólo bebe alcohol los fines de semana, en las reuniones familiares o de amigos: vino en las comidas y excepcionalmente algún combinado. Nos trajeron la carta y él pidió su cóctel favorito, un Dry Martini, esa mezcla de ginebra y vermut con una aceituna tan característica. Yo preferí tomar una botella de agua. Nos alegra vernos y siempre inventamos un motivo de celebración.

Por eso, mi padre mostró su contento por el hecho de que continuase con el diario. Cuando le comuniqué que sólo registraba lo más relevante de lo que sucedía cada día y algunos recuerdos, pero que yo percibía que esas anotaciones conferían sentido a la jornada, sacó del bolsillo de la chaqueta un ejemplar de *Diario de un poeta recién casado* escrito por Juan Ramón Jiménez en 1916. Me dijo que lo había leído esta semana por afinidad conmigo. Me explicó que, en parte, era un recorrido inverso al mío el de esa obra, ya que fue escrita durante un viaje que hizo el poeta a Nueva York para casarse con Zenobia Camprubí. El Premio Nobel anotó impresiones de los trayectos de ida y vuelta en barco y de las ciudades que conocieron juntos mientras duró su estancia de cuatro meses en Estados Unidos. Sin embargo, no se trataba de un texto confesional. Para el autor nacido en Moguer era su libro preferido. Mi escritura, sin embargo, la había iniciado transcurrido un breve lapso de tiempo desde mi separación de Mateo. Mi diario consistía en la elaboración de un duelo, en un salir de la situación de estancamiento vital que me impedía recomponerme con más brío. Aunque le aclaré que mi crisis de pareja había durado varios años y que ahora lo único diferente era la no presencia en mi casa de Mateo, mi padre replicó que la ausencia era relevante, que creía que la nueva situación generada en la última etapa había sido el desencadenante de mi cambio de actitud. También añadió que el escrito de Juan Ramón daba testimonio de un largo desplazamiento por la geografía que implicaba atravesar el océano Atlántico y yo poseía como centro neurálgico mi escritorio y la ciudad en la que vivía. Estaba convencido, no obstante, de que ambos significaban un periplo hacia si mismo desde la realidad exterior.

Ya no protesté. Opté por preguntarle por la angustia. Tenía miedo de volver a padecerla, como antaño, de una forma tan incapacitante. Ahora sentía tristeza algunas veces, pero no esa punzada enervante parecida a un dolor encabritado. En ocasiones, me desesperaba, me impacientaba o me embargaba un malestar difuso. Nada semejante a ese sufrimiento que se enreda en el cuerpo, machacándote e irradiando su maleficio desde el pecho hasta el centro del cerebro. A mi padre le pareció normal mi curiosidad. Nunca ve motivos de alarma. Saldó la cuestión afirmando que siempre en la angustia hay un déficit de simbolización. Leer, escribir, pensar, ligar la tensión psíquica a representaciones, asociar ideas, conjugar pensamientos, trenzar un discurso. Todo es beneficioso para evitar padecer por fantasmas. Estos hay que atravesarlos y combatirlos con palabras. El arte es una salida. Sufrir por una circunstancia dura es normal, pues es el motor de las transformaciones. Estar triste cuando la realidad nos ofrece pérdidas o, si a pesar de intentarlo, no nos permite alcanzar lo que deseamos es una respuesta adecuada. A los que se angustian indiscriminadamente de forma constante, les falta encontrar nuevas metáforas para redescribir sus conflictos. Vivir implica una insatisfacción estructural. Crecer es aprender a soportarlo. No hay que olvidar, me decía, que somos seres de lenguaje que nos hemos desligado de la naturaleza. Nos bordea una oquedad, un vacío que hay que urdir simbólicamente. Al escucharle, me di cuenta de que mi padre siempre proyecta en mí su salud. Eso también me gusta de él. Me exige poco y no me reprocha nada.

Me ha contado que va al gimnasio cuando sale del trabajo y nos hemos despedido emplazándonos quizá para el próximo viernes. Hoy él cenaba con su pareja y con un amigo más joven, que es escultor. Iban a revisar las nuevas obras en su estudio.

Yo he regresado caminando y, de paso, he entrado en un establecimiento para degustar un batido de yogur con arándanos. Ahora voy a acostarme para mañana estar descansada.

SÁBADO

Esta mañana he ido a donar sangre. En una unidad móvil me la han extraído. Al finalizar me ofrecieron un refrigerio y toda la gestión no me ha llevado más de media hora. Es la primera vez que dono. Cuando me punzaron y vi traspasar el fluido rojo a la bolsa, sentí que parte de mí iba a beneficiar a otros. Era un mínimo acto altruista que me comprometía con los demás, un modo de mantener vivo el nudo con mis semejantes.

Luego, he venido a tomarme otro café a la terraza del bulevar. Escribo -traje cuaderno y bolígrafo en el bolso- y veo a la gente bebiendo sus consumiciones y charlando. Mi mesa es la única ocupada por una única persona.

Se ha acercado una mujer con la intención de leerme la mano ofreciéndome una ramita verde. Ante mi negativa, ella ha insistido. Le he dado unas monedas suplicándole que, por favor, me dejara sola. Considero que no debí mostrarme tan arisca. Pienso en estas personas con labores ambulantes que tienen que perfilar, por la expresión del rostro, el vaticinio más conveniente para transmitir a su interlocutor y me parecen mentes imaginativas. Forjan destinos entre grandes amores y riquezas o, tal vez, designios sembrados de inesperadas desgracias relacionadas con la enfermedad y la ruina. Me ha inspirado simpatía la quiromante por su capacidad de persuasión, pero no deseaba escuchar una retahíla de profecías sobre mí, quizá porque me encuentro de verdad en una encrucijada. Al final, se ha marchado del recinto constatando lo descreídos que somos los clientes de este lugar. Siempre, desde la antigüedad, aprovechando nuestra debilidad y temor, se han consagrado prácticas adivinatorias como respuesta a las preguntas que nos hacemos sobre el futuro, pero hoy en mi soledad, tan plagada de cuestionamientos, reverbera la esperanza.

Mientras terminaba el párrafo anterior, he recibido la llamada de Elena, que estaba en la piscina. Practica natación para fortalecerse. Me ha comunicado que esta noche llegará un poco más tarde a la fiesta de Mateo porque coincide con el cumpleaños de su sobrina. Cuando a su pregunta sobre lo que hacía, le he respondido que escribía, me ha dicho que le cansa leer textos que reflejan la realidad y no la cambian, que lo que hay que hacer es colocar en primer plano lo que va mal, lo que no funciona. Un diario escrito por una joven aparentemente serena como yo, no modifica la vida de nadie situado en los márgenes. Le he contestado que la escritura también repara, aunque refleje una existencia integrada de un modo tan modesto como el mío. De cualquier forma, he añadido, me agotaba dar explicaciones y que este escrito, debido a las apostillas de mis conocidos, sea tan consciente de sí. Contacto conmigo y quiero conectar con otros, ésa es mi única ambición. La lucidez es producto de la reflexión, no adviene exclusivamente esgrimiendo frases compasivas y bienintencionadas. Han sido muy diversos los libros que me han conmovido, que me han dado materia para el pensamiento. Por otra parte, acompañar también me parece loable. La gente vive fatigada, casi todo el mundo permanece muy ocupado. Intentar despertar el interés por mis vicisitudes diarias parece un objetivo que no es desdeñable. Elena me ha aclarado que con sus palabras no pretendía que me justificara y me conminaba a olvidar su observación y a que fuera a nadar con ella, que me esperaba. Casi nos enfangamos en una discusión, sin embargo, ha echado marcha atrás con muy buen tino y nos hemos despedido amistosas de nuevo, aunque le he trasladado mi negativa a bañarme con ella por la intención que tenía de hablar con Sara después de que se rompiera el tobillo y porque debía descansar antes de salir al final de la tarde hacia la convocatoria de Mateo.

Tras conversar con Elena, dos niños se han sentado en sendas sillas vacías que hay junto a mí. Sus padres han seguido charlando atisbando lo que hacían sus hijos. Parecían mellizos de unos cuatro años. Extraían las servilletas del soporte de plástico que las contenía y las expandían por la mesa. Les he pedido que me dijeran sus nombres, pero ellos sólo se regocijaban revolviendo los papeles. Yo no sabía cómo reaccionar y me he vuelto hacia sus progenitores, que me sonreían buscando en mi mirada cierta complicidad. He tenido que recoger el cuaderno y retirar la taza de café y, aunque me estaba poniendo un poco nerviosa, les he hecho un gesto a los progenitores de que no importaba. Al cabo, la madre ha venido hasta aquí y me ha pedido disculpas, al mismo tiempo que agarraba a los pequeños y les llevaba hasta su emplazamiento. Tomaban cacao con unas magdalenas que a la sazón se veían desmenuzadas. Lo que sí precisa paciencia es la crianza. Hay que sentirse muy bien para seguir el gasto de energía de estos seres de tan corta edad. El camarero ha recogido el marasmo de celulosa blanca y me ha cambiado el servilletero.

He telefoneado a Sara y se ha mostrado animada a pesar de las circunstancias. Le duele la pierna y le resulta incómodo ir a todas partes acompañada por alguien con la silla de ruedas, pero su expectativa es buena: escuchará música y leerá, ya que lo que le sobra es tiempo libre. En un apronte de audacia, me he atrevido a proponerle que me escriba sobre sus lecturas y audiciones. Puede añadir en la carta lo que le venga en gana. Para mi sorpresa, le ha parecido buena idea y me ha confirmado que empezará el lunes a mandarme la primera misiva. Yo haré lo propio. La correspondencia durará lo mismo que su convalecencia. Muy afable, me ha convidado para que hoy vaya a comer con ellas, pues su hermana ha cocinado una ensaladilla rusa copiosa y ya se habrá enfriado cuando acuda al almuerzo.

He venido a mi apartamento a pasar estas notas a la computadora. Ahora voy a salir y cogeré el autobús para llegar hasta el domicilio de Sara. Allí cerca, compraré helado para el postre.

He regresado.

Todo ha ido bien. Estábamos sólo las tres en su casa recién reformada, donde la cocina -hemos bebido un vaso de agua fresca-, el comedor -han servido la comida- y el salón -yo he tomado el té y ellas café- están unidos, configuran un único espacio amplio y cómodo bien diferenciado. Nos hemos desplazado por esa geografía de ventanales grandes, paredes blancas recién pintadas y muebles nuevos utilizándolos para cada menester. El conjunto es muy confortable.

La hermana de Sara, Natalia, ha pactado en su oficina teletrabajar durante este periodo, ya que se desempeña como administrativa en el Área de Juventud del ayuntamiento de un municipio próximo a la ciudad, lo que ha permitido a la madre volver con su marido. Ellas, las hermanas, se parecen mucho. Tienen ambas el pelo largo de color castaño y sus ojos de color miel muy grandes resaltan por lucir una pestañas bastante espesas. Los rasgos del rostro son armoniosos, pero Natalia llevaba gafas y el cabello peinado con una trenza. Sus voces asimismo son muy semejantes y sus sonrisas iguales. A Sara la van a sustituir en el coro en el que canta como soprano y se perderá la gira europea que estaba concertada para este verano. Es previsible que permanezca dos meses de baja.

Juan va a acompañar a Sara por las tardes y se llevará el ordenador portátil con el archivo de su novela. Parece que le ha comunicado a su novia que escribo un diario, que cada jornada registro los sucesos del día y evoco algunos acontecimientos de mi vida. Sara ha afirmado que le gustaría leerlo, que no entendía mi negativa a tener lectores. Ella piensa que sería un estímulo muy importante para acotar los temas tratados, pero yo le he comentado que mi escrito lo inicié pensando en Luisa y que esa mujer, compañera del grupo en el que compartíamos obras de teatro, ha fallecido en un trágico accidente. Enseguida, tanto Sara como Natalia han manifestado su interés y la opinión respecto a la esterilidad de los textos privados, que estos podrían ser patrimonio de todos, objeto de disfrute y sufrimiento de una comunidad en la que se proyectaran las disposiciones del autor.

Percibieron que no deseaba seguir hablando de ello y cambiaron el tema de la conversación.

Natalia ha expresado su preocupación por lo que ocurre en Ucrania porque, aunque en el año 2014 perdieron Crimea arrebatada por el ejército ruso, y algunas zonas del país ya se encontraban desestabilizadas por un conflicto de lenguas y un problema de descentralización cuya solución federal no pudo imaginar el gobierno de Kiev -citó a la periodista Pilar Bonet-, no ha sido hasta la invasión rusa del territorio ucraniano en febrero del 2022 que se inició la guerra en su sentido más amplio. Ucrania resistiendo y defendiéndose para, tras la desintegración de la Unión Soviética, seguir labrando su identidad afín a los valores europeos.

Sara se ha hecho eco de que el sentir general de toda la comunidad internacional es de rechazo al enfrentamiento armado de los dos países, a diferencia de la Primera Guerra Mundial, que tuvo sus voceros entusiastas, pues estos consideraban que la contienda purificaría a Europa de su decadencia. Pensaba en algunos músicos como, por ejemplo, Schoenberg, el maestro del dodecafonismo, el compositor que dio carta de naturaleza a la atonalidad, que, en su pugna privada contra el ideario burgués, pensaba que tras la conflagración se acabarían las melodías degeneradas y se impondrían los valores fuertes de la música alemana. Fijaos, nos decía, él también escribió en plena escaramuza un diario donde anotaba la forma de las nubes y su evolución en el cielo, porque ahí esperaba encontrar los indicios que indicarían si de la lucha saldría victoriosa la facción germana. Las tres nos hemos reído, porque los genios a veces parecen tocados por la locura.

Por otra parte, a Natalia le parece que todos los días deberían ser de Acción de Gracias: aceptar nuestra situación, que es estable, y abandonarnos a las actividades que tenemos encomendadas con ilusión. Tener un trabajo fijo se ha convertido en un lujo. Ella está encantada con los servicios que presta a la población más joven. Ahora preparan unos campamentos en la sierra y los muchachos acuden pletóricos a inscribirse con sus padres. Serán unos días de contacto con la naturaleza y con los deportes de montaña. A los jóvenes les gusta permanecer juntos y compartir las rutinas diarias en un contexto tan abrupto. Posee la experiencia de otros años en que todos preferían prolongar su estancia entre los árboles y las rocas. A Natalia le encanta el verano y durante el mes de agosto utilizará sus vacaciones para ir a Inglaterra a perfeccionar el idioma inglés. Tiene una amiga en Londres y harán excursiones y visitarán museos. Escucharla era una bendición. Cada vez me fascina más la gente que no vive atormentada.

En mi caso, les transmití que no me siento tan identificada con mi vida como ellas. Albergo más contradicciones e insatisfacción. Algo debería hacer para cambiar lo que me abruma. Experimento un desajuste. Son varios los motivos, pero dedico demasiado esfuerzo en la oficina a tareas que me hastían. No me interesa aprender nada más de mi oficio y las mañanas se prolongan como laberintos angustiosos. En estos días aprecio no tener que asistir a la gestoría. Incluso después de comer, ha dejado de aturdirme la obligación de recuperarme de un dispendio de energía que considero baldío. La semana que está llegando a su fin es una excepción en una existencia carcomida por el aburrimiento laboral. Por eso, valoraba nuestro encuentro tan agradable, porque ha sido posible gracias a una actitud más favorable hacia todo lo que significa compartir tiempo con los otros.

No obstante, a las cinco les dije a las hermanas que me retiraba. Les di las gracias por la ensaladilla exquisita, por el té y la compañía. Acordamos Sara y yo iniciar el lunes nuestro peculiar epistolario y, cuando salía acompañada por Natalia, llegó Juan. Nos cruzamos en el ascensor y, después de saludarnos con alegría, quedamos en vernos algún mediodía de la semana próxima. Se cerraba el círculo de la visita y yo estaba convencida de lo oportuna que había sido la misma.

Ahora sí voy a tumbarme una hora aproximadamente, luego me daré una ducha, me pondré mi vestido de gasa malva con unos bordados sencillos en el cuello del mismo color y me dirigiré a la fiesta de Mateo.

DOMINGO

Llegué a la cita a las nueve y media. Abrió la puerta Mateo, que, muy afectuoso, me acompañó al salón. En ese momento, se reunían allí unas quince personas. Al lado del equipo de música, resaltaba una mesa alta con bebidas y recipientes repletos de bolsas de hielo. Le pedí, sin embargo, una copa de vino y él aprovechó para servirse otra. Mientras brindábamos, se acercó Lucas, un amigo del colegio que seguimos frecuentando mientras vivíamos juntos. Empezamos a intercambiar noticias, cuando advertí que al lado se había colocado Lidia, mi prima, a la que no reconocí en la mirada panorámica y precipitada que dediqué al grupo al entrar. Me agarró del brazo para presentarme a Marcial, un chico corpulento que bebía y comía mientras me saludaba. Ingeniero informático. Mateo y Lucas se retiraron. Ella, como quien estuviera esperando ese momento, le dijo al experto en computadoras que yo era la prima que le escribía cuentos cuando era una niña de siete años. Se los leía con delectación en casi todas las ocasiones en que iba a su casa. Después, ya de adulta, había escrito muchos relatos que no había publicado, siguió informándole. Yo estaba perpleja porque el joven asentía como guiñando un ojo. Me quería retirar de esa pareja. Sonreí e hice el gesto de volverme hacia el equipo de música. Entonces, él carraspeó y, para retenerme e intimidarme a un tiempo, me preguntó si hacía literatura ornamental o experimentaba. Ante semejante pedantería, yo me sentí ridícula y vulnerable, como una hormiga pisoteada por una bota. Un quehacer inocuo aún, balbuceé para salvar la situación absurda. Pedí disculpas e inicié el movimiento de alejarme.

Nada me es más aterrador que hablar con desconocidos de lo que hago. Me dirigí hacia la cocina para beber un poco de agua, pues estaba sedienta y la copa de vino que llevaba en la mano no me era útil para apaciguar la repentina sed. Me encontré con dos mujeres sentadas delante de la isla llena de platos de comida en la superficie. No las conocía, pero se presentaron como colegas de Mateo. Inmediatamente indagaron sobre si yo era también profesora en la universidad. Contesté que era contable en proceso de reciclaje. Me replanteaba buscar otra forma de vida, pero no me estaba resultando fácil. Sentencié que atravesaba un periodo de reflexión. Una de ellas intervino para aducir que asimismo había pasado de trabajar en la empresa privada a la función pública. No valía la pena encasillarse si la labor se sufría con desgana, aportó la otra. Me empecé a poner tensa y preferí no seguir conversando con ellas, así que añadí que me llamaba Miriam y que deseaba que tuvieran una agradable velada. Las dos muy sonrientes me dijeron que sus nombres eran Lucía y Ana.

Acababa de llegar y me encontraba agobiada. No podía confiscar a Mateo para que estuviera conmigo. Recuerdo que siempre ha sido muy buen anfitrión. Por tanto, con el vaso de agua y la copa de vino, me instalé en la habitación de Emilia, la tía abuela de Mateo, la dueña del piso. Me senté en una butaca dispuesta a pasar allí un buen rato. Varias respiraciones hechas con hondura me serenaron. En media hora habían sacado un mapa de mí misma. Con todo, era un adelanto. Hasta esa noche no tuve mis circunstancias tan claras, no se me ocurrió nunca formularme en serio la idea del tránsito hacia otra situación más propicia ni plantearme el hecho de que no debía resignarme a vivir amargada si no lo estimaba conveniente, que sí era posible un cambio. Allí, zafada del convite, me alzaba sobre un páramo en medio de la nada.

Me quedé sentada cavilando precisamente en la siguiente paradoja: desde que escribía el diario, hacía más vida social, pero ahí estaba, escabullida del grupo que se divertía. Hasta esa estancia llegaba ahora el sonido de la música pop de los años ochenta que sonaba en medio de la fiesta y se oía asimismo un rumor de voces y de risas. Me miré en el espejo y tenía las mejillas sonrojadas. Se había anticipado el verano y hacía calor. No habían conectado el aire acondicionado, pues Mateo y yo somos contrarios a utilizarlo.

Hoy, como ayer, me gustaría que ya se aproximara el otoño con su luz más matizada. Me acuerdo de los cielos grises y la niebla, de las ráfagas de viento y el agua, de la humedad de las calles y el vaho de los cristales, de los árboles y las casas cuyas siluetas se divisan con la tenue coloración que les imprime el barniz mate del aire. Imágenes que retrotraen a la ventura de las largas caminatas y fecundan todos los rituales del recogimiento. Sin embargo, hubo periodos en que no discernía mi preferencia por las estaciones menos calurosas y me sorprendía cuando alguien aludía a la lluvia con placer. Con el tiempo, se aprende a discriminar el deseo.

A las doce menos cuarto, Marina hacía tiempo que había llegado y, por supuesto, se le ocurrió ir hasta el cuarto de Emilia para rescatarme. Con buen humor me dio dos besos y tiró de mí hacia el salón. Nos servimos otra copa de vino. En ese momento, había más de treinta personas reunidas allí. Escuchábamos un tema de jazz. Presté atención y se oía el fraseo de una trompeta y un piano. Las ventanas estaban abiertas y algunos invitados fumaban. Mateo se deslizaba entre los asistentes con una bandeja de canapés. El talismán de él y Marina volvía a funcionar para hacerme sentir mejor. De nuevo, todo estaba en orden. Advertí la presencia de Lucía y Ana en la terraza que, al divisarme, me saludaron con la mano. No vi a Lidia y a su acompañante porque quizá se fueron al comedor. No me importaba volverlos a encontrar: el extrañamiento y la susceptibilidad ya se habían esfumado.

A la una menos diez, llamaron al timbre y Mateo se dirigió a la entrada. En un par de minutos volvió con Elena a su lado. Fue sencillamente impresionante verla tan bella. Llevaba un vestido negro de encaje con un forro muy fino semitransparente y con escote estilo Bardot, que deja los hombros al aire bordeando el pecho. Irradiaba elegancia y sensualidad. Con unos pendientes brillantes, parecía una divinidad que sonreía plácida y dichosa. El cabello lo había recogido en un moño bajo y hueco que dejaba despejado su rostro de facciones finas y de tez muy clara. En conjunto, estaba favorecida y hermosa. Se generó un aura de magnetismo a su alrededor. Hubo saludos y presentaciones y enseguida se ubicó junto a Marina y a mí. Nos abrazó muy cariñosa solicitando una bebida muy fría. Pasados unos minutos, nos pusimos las tres a bailar junto a los otros festejantes en medio de la sala concurrida. Sonaba rock sinfónico. Nada de estridencias, pero mover el cuerpo, los brazos, las piernas junto a otras personas era un placer. La melodía nos indicaba el sentido de nuestras acompasadas contorsiones. Fue un momento de disfrute sin premeditación.

Al cabo de un rato de danza, nos percatamos de que la terraza se encontraba vacía y nos sentamos buscando el frescor de la noche. Elena nos contó que se iba el lunes a Roma a un congreso de Antropología. Cumpliría con sus funciones de intérprete: traduciría del italiano al inglés y al español. Dijo que, a pesar de la explosión de vitalidad que la embargaba, había pensado últimamente en los cementerios con insistencia realizando indagaciones. Se negaba a que la incineraran al morir, quería ser enterrada en una sepultura. En sus viajes, recorrió varios cementerios. Por eso, pretendía conocer asimismo las catacumbas de los primeros cristianos, esas galerías antiguas y subterráneas con cientos de nichos en la capital de Italia, pues nunca las había visitado. Empezamos, entonces, a hablar del esplendor de la Ciudad Eterna, cuando sonaron los primeros relámpagos. Al inicio, se revolvió el aire con mucha fuerza y, luego, enseguida, se desató la tormenta.

Entramos al interior para protegernos y observamos a los presentes entregados todavía a una coreografía bulliciosa al son de las series repetitivas del *Minimal house,* a la que se sumó Elena de nuevo encantada. Flexionaban sus miembros, brincaban y daban vueltas cerca de conocidos y extraños, disfrutando de la cadencia física, de la comunión con los demás. El balanceo, los giros y los saltos les hacían transpirar. Un arrebato que se prolongaba en un ambiente de contento. Marina y yo fuimos al frigorífico a por un zumo de naranja y hielo. No hablamos más, dimos por concluida la conversación. Nos confundimos entre los otros, que ya eran multitud, recorriendo el piso en medio del tumulto para reconocer a los invitados y empaparnos del ambiente embriagador. A las tres, buscamos a Mateo para despedirnos, le felicitamos por el éxito de la reunión y bajamos a la calle para pedir un taxi. Ella me acompañó en él hasta mi casa, feliz de su escapada. Ya en el interior de mi hogar, elegí un camisón blanco para quedarme dormida.

Me he dado una ducha tras el primer café y estoy muy despierta. Aún conservo el ritmo en los huesos después de una celebración del verano inminente tan agitada. Ignoro el motivo por el que nos mezclamos de tan buen grado en el festejo y nos diluimos entre tantos individuos. Lo cierto es que fue gratificante. Tenía un mensaje de Elena enviado a las cinco de la mañana en el que decía que ya regresaba a su apartamento; me deseaba un buen domingo y salud.

Ha sido una semana intensa con el aliciente y el alivio de no tener que acudir cada jornada a la oficina para llevar a cabo mi labor. Esta travesía se parece a un oasis, aunque cuente en su haber con la pérdida irreparable de Luisa. El escrito le sobrevive y me ha acompañado en estos ocho días tan verídicos como irreales.

Voy a comer una ensalada de legumbres y dedicaré la tarde, en medio de la incertidumbre, a leer y a meditar.

MIÉRCOLES

La efervescencia del pensamiento me sitúa a veces en el extremo de la desesperación, pero para esa experiencia también hay que tener coraje. No he sabido construir un lenguaje para subvertir la injusticia social, quizá nadie pueda hacerlo, pero tampoco he pretendido regodearme en un filisteísmo literario. Configuraré con las palabras otros usos lingüísticos menos inofensivos y estudiaré literatura. Voy a ingresar en la universidad con las ventajas que se otorgan a los mayores de veinticinco años. Será un tiempo de sacrificio, aunque aprender los entresijos del idioma y realizar lecturas más ordenadas que guíen mi curiosidad, supone una oportunidad que me abrirá a nuevas perspectivas. Éste es un nuevo inicio. Después, seguramente, podré elegir otras opciones laborales, si bien me ilusiona mucho el propio recorrido que voy a emprender. A los dieciocho años era un torbellino de confusión; ahora puedo distinguir mejor lo que quiero.

El diario no habría sido posible sin la concurrencia de los otros, nada acontecería sin el horizonte que cincelan los demás. Podemos traspasarlo, pero siento una profunda gratitud por tener a quien dirigirme. Hoy, más que nunca, advierto que todos formamos parte de la humanidad y, por eso, vamos dejando nuestros textos, que circulan por el mundo hasta que encuentran sus destinatarios, aquellos en quienes resuenan cuando los leen. Los caminos no siempre son rectos, se alargan atravesados por curvas y desviaciones, pero he tomado la decisión explicitada después de deliberar con serenidad.

Este libro se terminó de imprimir el
día 25 de septiembre de 2024, en
los talleres de Safekat
de Madrid.